“双循环”格局下生态农业经济可持续发展路径研究

贺茉莉 著

天津出版传媒集团
天津古籍出版社

图书在版编目（CIP）数据

“双循环”格局下生态农业经济可持续发展路径研究/
贺茉莉著. -- 天津 ：天津古籍出版社，2024.7
ISBN 978-7-5528-1445-3

Ⅰ. ①双… Ⅱ. ①贺… Ⅲ. ①生态农业－农业经济－
经济可持续发展－研究 Ⅳ. ①F303

中国国家版本馆CIP数据核字(2024)第016512号

“双循环”格局下生态农业经济可持续发展路径研究

“SHUANGXUNHUAN” GEJU XIA SHENGTAI NONGYE JINGJI
KECHIXU FAZHAN LUJING YANJIU

贺茉莉 / 著

出　　版　天津古籍出版社
出 版 人　张　玮
地　　址　天津市和平区西康路35号康岳大厦
邮政编码　300051
邮购电话　（022）23517902

责任编辑　吴曈曈
美术设计　寒　露

印　　刷　河北万卷印刷有限公司
经　　销　全国新华书店
开　　本　710毫米×1000毫米　1/16
印　　张　13.75
字　　数　200千字
版次印次　2024年7月第1版　2024年7月第1次印刷
定　　价　78.00元

前言

随着全球经济格局的深刻调整和中国经济转型升级的需要，我国提出了构建“双循环”新发展格局的战略目标。这一新的发展格局强调以国内大循环为主体、国内国际双循环相互促进的发展模式，旨在构建更加自主、更加开放、更加协同、更加可持续的经济发展新模式。在这一战略目标下，生态农业作为农业可持续发展的重要组成部分，对于推动经济转型升级、实现绿色发展具有重要意义。

生态农业是一种以生态环境为基础，注重生态平衡和可持续发展的农业发展模式。这一模式以保护生态环境、提高农产品质量和食品安全为目标，注重农业生态化、生态多样化、生态循环化和生态化管理，通过生态农业技术和模式的创新，实现农业产业的可持续发展。在“双循环”新发展格局中，生态农业具有以下重要意义。

本书正是基于上述背景，就“双循环”格局下生态农业经济可持续发展展开相关研究，全书共分为七个章节。

第一章为绪论。首先解释“双循环”新发展格局的内涵。然后从“生态农业与农业可持续发展”和“生态经济与农业经济”两大主题出发展开详细介绍与分析，为后续章节的研究提供理论基础。

第二章探讨“双循环”格局与生态农业经济的结合。首先从理论逻辑的角度阐述生态农业经济“双循环”发展。其次分析“双循环”格局与生态农业经济的契合点，探讨如何实现二者的良性互动和协同发展。最后重点关注“双循环”格局下生态农业经济的可持续发展架构，为构建生态农业经济体系提供具体方案和建议。

第三章着重探讨生态农业产业发展。介绍生态农业模式的十大代表，并探讨生态农业产业化建设的路径和方法，强调产业化对于提高生态农业经济效益和市场竞争力的重要性。最后讨论生态农业企业品牌建设的作用和实施路径，为生态农业产业发展提供品牌推广和市场营销的思路和方法。

第四章研究生态农业经济如何融入国内大循环。在区域协调与乡村振兴的背景下，从供需两端协同发力，强调消费需求挖掘对于推动生态农业经济的发展的重要性，并关注生态农业产品和服务供给端的增长。

第五章探讨生态农业经济如何参与国际大循环。在国际贸易竞争与合作的背景下，重点关注跨境电商与跨境物流的协同发展，分析跨境电商和物流对于推动生态农业产品的国际化和出口的重要性。最后研究如何发挥自由贸易试验区的辐射效应，促进生态农业经济的国际合作和交流。

第六章探讨“双循环”格局下的生态农业经济可持续发展保障。从政策保障路径、金融保障路径、技术保障路径、基础设施保障路径四个角度详细介绍如何保障生态农业经济可持续发展。

第七章给出“双循环”格局下的生态农业经济发展展望。一方面展望智慧化生态农业的发展，探讨科技创新对于推动生态农业经济的前景和机遇。另一方面研究生态农业跨国品牌建设，探讨如何打造具有国际影响力的生态农业品牌。

目 录

第一章　绪论

第一节 “双循环”新发展格局

一、“双循环”新发展格局的提出

改革开放至今四十余年，我国经济取得了令世界瞩目的成就。作为世界第二大经济体，我国在制造业、货物贸易等多个方面均占据了全球领先地位，同时，外资流入及外汇储备也居于全球前列。我国的经济成功在很大程度上是因为成功融入了全球经济体系，并与世界各国建立了紧密的贸易和投资关系。

全球化的浪潮在最近几十年里逐渐达到顶峰，这个过程中，国际经济和政治格局发生了巨大的变化，新的挑战和困扰也随之出现。全球治理体系也出现了不少新情况，逆全球化的情绪在世界各地蔓延，这对我国经济产生了一定的影响。我国政府认为需要调整和改革原有的发展模式，以应对新的国内外环境。

于是，在 2020 年 5 月 14 日，中共中央政治局常委会会议正式提出了“构建国内国际双循环相互促进的新发展格局”。在随后的两会期间，习近平总书记强调了构建新发展格局的重要性，提出了“逐步形成以国内大循环为主体、国内国际双循环相互促进”的战略方向。国内循环主要指的是我国国内的生产、分配、流通、消费等经济活动，强化国内循环是为了增强我国经济的抵御风险的能力，提高经济的稳定性和可持续性。而国际循环则指的是我国与外部世界的经济交往，强化国际循环，一方面可以借力全球市场，提升我国企业的国际竞争力，另一方面也是为了继续坚持对外开放，吸引外资，推动经济的高质量发展。

在 2020 年 11 月召开的中共中央政治局会议上，该新发展格局被正式纳入中国的“十四五规划”和 2035 年远景目标，强调加快构建以国内大循环为主体、国内国际双循环相互促进的新发展格局，这无疑为我国未来一段时间的发展定下了基调。

“双循环”战略的提出，反映了我国对新时代全球政治经济格局深度变化的精准把握，以及对新发展阶段我国自身长期经济社会发展趋势的清晰认知。这一新发展格局的形成，标志着我国正进一步深化改革开放，积极应对国内外的深刻变化，推动构建新发展格局，以适应新发展阶段的需要，实现高质量发展。

我国的双循环战略，已经在我国的发展规划中明确提出，这是我国应对新的国际和国内挑战、保持经济稳定、推动高质量发展的重要战略。在这一战略的指引下，我国将坚定不移地深化改革，扩大开放，改变过去依赖出口驱动型经济发展模式，逐步转向以国内大循环为主体，国内国际两个市场相互融合、相互促进的经济双循环。这种新的发展模式将进一步优化我国的经济结构，推动产业转型升级，提高经济发展的内生动力。

二、“双循环”的内涵

“双循环”发展格局作为我国新时期的经济发展战略，包含了丰富而深远的内涵。“双循环”发展格局是建立以国内大循环为主体，国际大循环为补充的经济体系。这个体系旨在保持国内经济活力，同时积极参与全球经济交流和竞争，以适应全球化发展的挑战和趋势，推动我国经济的高质量发展。

（一）国内大循环

国内大循环是“双循环”格局中的重要一环。具体而言，这涉及对国内需求的多方面满足，包括但不限于生产、消费、分配和流动等方面。满足生产需求要优化产业结构，引导和支持先进技术的研发和应用，以提升生产效率，创新更多的商品和服务，满足多元化的消费需求。满足消费需求要通过增加居民收入，提高社会福利，激发消费潜力，扩大内需，形成强大的国内市场。满足分配需求要推动财富的合理分配，降低社会贫富差距，实现社会公平。满足流动需求要保证资源的有序流动，通过优化资源配置，提高整体经济效益。

国内大循环通过依托国内分工体系，旨在充分调动所有社会成员的积极性，将每个人的潜力发挥到极致，以此推动新动能的不断提升，形成一个自足、自我循环的经济体系。这一体系旨在自身健康的基础上为国际大循环提供稳定的基础和强大的支撑。

（二）国际大循环

国际大循环则涵盖了基于国际分工和市场的全球经济体系。这个体系依赖于全球的产业链和价值链。在全球经济一体化的趋势下，国际贸易、投资和金融等都成为推动经济发展的重要力量。世界各国通过国际贸易、投资和金融等多种方式，实现各经济体之间基于各自比较优势的有序竞争和互相依赖。我国也应积极参与全球的产业链和价值链，以实现各经济体之间的互利共赢。这就要求我国不断提升自身的开放度，优化对外经济结构，推动对外贸易由以量为主转向以质为主，鼓励对外投资与国内产业升级相结合，实现内外资源的有机衔接。

然而，全球化进程中的逆全球化力量和部分经济体内部的发展问题给这一体系带来了挑战，甚至可能危害到国家的经济安全。这就要求在参与全球经济循环的同时，构建一个更安全、可控、弹性和韧性都更强的经济体系，以应对这些挑战。

综合来看，“双循环”发展格局旨在实现我国经济的内外循环协同发展，而不是选择其中一种循环。其中的“以国内大循环为主体”并不意味着忽视或淡化国际大循环，反而是希望在更高层次上融入全球经济体系，推动国内外两个市场的深度融合。这个过程不仅依赖于我们国内的发展和创新，同时也需要我们积极参与全球的合作和竞争。这种格局的实施会在短期内有助于应对全球化背景下的挑战，从长期来看则有助于我国经济的高质量发展。

总之，“双循环”发展格局是对我国既有发展战略的提升和深化，而非否定或颠覆。在新的发展阶段，我国需要实现更高质量的发展，这就需要我们围绕新发展格局进行新一轮的顶层设计和总体规划。这一设计和规划不仅应满足国内需求，也需要顺应全球经济发展的趋势。

三、正确理解“双循环”

“双循环”发展格局在新时代中国特色社会主义发展中占据关键地位，深刻理解这一战略的实施原则至关重要。该经济发展战略旨在通过实现国内外两个市场、两个资源的深度融合，推动我国经济的高质量发展。在全球经济的大背景下，理解和执行这一战略需要具备全局视野和战略眼光。

在这个战略下，国内大循环被视为主体，依赖于国内的生产、消费、分配和流动等各个方面，从而形成一个自足、自我循环的经济体系。这个体系的建立与维护需要社会所有成员的积极参与和协作。无论是政府机构、企业，还是普通公民，每个成员都需要尽己所能，发挥其特长和潜力，为国内大循环的健康运行和持续发展做出贡献。通过全民的共同努力，可以推动我国新动能的不断提升，满足人民日益增长的物质和文化需求，从而维持国内经济的活力和自主性。

然而，国内大循环并不能独立于国际大循环，而需要与国际大循环有机衔接。作为全球经济体系的重要一部分，我国需要积极参与和影响国际大循环。通过参与全球产业链和价值链，各经济体能够利用各自在全球分工中的优势，实现有序竞争。如今我国在全球经济大循环中的地位越来越重要，这主要得益于我国经济体量的增大，因而对全球经济的影响力和外溢效应进一步增强。

在“双循环”发展格局中，国内大循环和国际大循环并不是相互独立的，而是需要在一定程度上实现互动和融合。一方面，我国需要充分利用国内大循环的优势，通过提升自身的生产和创新能力，为国际大循环提供更强大的支持。另一方面，我国也需要积极参与国际大循环，通过全球资源配置，优化我国的产业结构，提升我国在全球经济体系中的地位。

这样的经济发展格局不仅符合我国的实际情况，也顺应了全球经济的发展趋势。它不仅需要我们实现国内外资源的有序配置，同时也需要我们进一步开放市场，引导全球投资流向，提升我国在全球经济中的影响力。

另外，实施“双循环”战略并不意味着要舍弃对外开放，相反，这一战略要求在维持现有开放水平的基础上，更深入地参与全球治理，提升自身的规则制定能力，推动全球经济发展的公正性和可持续性。在全球经济发展新时代，我国经济发展已进入新阶段，这个阶段的标志就是国内外经济环境的深刻变化。

要成功实现“双循环”发展格局，需要深化经济结构性改革，完善宏观调控体系，进一步释放市场活力，强化产业链、供应链稳定性和竞争力，增强创新驱动发展能力，推进经济高质量发展。同时，要全面提升开放型经济水平，推动构建开放型经济新体制，优化外贸和外资布局，推动高水平的对外开放。

在全球经济发展新时代，我国经济发展已进入新阶段，这个阶段的标志就是国内外经济环境的深刻变化。应对这种变化，提出并落实“双循环”发展格局，是我国经济发展新阶段的主题和方向。只有在这个新阶段中，我国才能更好地实现经济的稳定增长，实现全面建设社会主义现代化国家的战略目标。

四、加快形成“双循环”新发展格局

“双循环”新发展格局，作为中国在当前国际国内复杂形势下的重要战略抉择，不仅涉及中国经济发展的方式、路径和方向，而且对推进国家现代化建设、实现中华民族伟大复兴具有重大和深远的影响。我国要在尊重经济规律的基础上，深入理解和准确把握新发展格局的内涵和精神实质，以便加快形成“双循环”新发展格局。

加快形成“双循环”新发展格局是推动中国经济持续健康发展的重要路径。这需要从推进供给侧结构性改革、扩大内需、参与全球治理和公共品提供等方面入手，坚持向改革要活力、向创新要动力、向开放要潜力，加快培育更高水平的产业链、供应链、价值链体系和更广阔的国内外市场体系。同时，还需要构建完整的全国统一市场，深化供给侧结构性改革，提高经济供给质量，构建完整的内需体系，深化收入分配制度改革。

“双循环”新发展格局提出了一个以国内大循环为主体，国内国际双循环相互促进的经济发展模式。这一新的发展格局强调了国内外市场的深度融合，主张通过推进供给侧结构性改革、完善内需体系以及参与全球治理和公共品提供，以实现这一目标。理解和实施这一新发展格局需要我们深入领会其内涵，把握其精神实质，认识到这是一个涉及多个领域，需要全社会共同参与的系统工程。

供给侧结构性改革是推进内循环的重要手段。供给侧改革主攻方向是提高供给质量，增强核心竞争力，重点任务是补短板。这一过程中，供给侧改革是着力解决如何通过提供更好的产品满足消费者需求的问题。在推进供给侧改革的过程中，要坚持两个重点：一方面是保持市场经济的活力。市场经济的活力是推动经济持续稳定增长的关键因素，只有充分调动市场的活力，才能实现经济的持续稳定发展。另一方面要注重公平。公平是社会的基础，只有在保障公平的基础上，才能实现社会的和谐稳定，保障经济的持续稳定发展。

扩大内需是推进内循环的基础。扩大内需不仅是推动经济增长的重要手段，也是提高居民生活水平的重要路径。为了实现这一目标，需要增强消费对经济发展的基础性作用，扩大中等收入群体的比例，更好地处理分配问题，使更多的人有能力和愿意消费。同时，还需要在教育、医疗、住房、养老等方面做好保障措施，以确保人民的基本生活需求得到满足，提高人民的生活质量。

参与全球治理和公共品提供是更好地参与外循环的重要途径。面对全球治理体系的赤字状态，我国需要承担起更多的责任，参与全球公共品的供给，以此为突破口，更好地构建外部大循环。为此，我国需要积极参与全球治理，为解决全球问题贡献中国的智慧和力量。这样，不仅能够更好地实现外循环，同时也能够为全球的和平、稳定和发展提供支持。

加快形成“双循环”新发展格局还需要向改革要活力、向创新要动力、向开放要潜力，加快培育更高水平的产业链、供应链、价值链体系和更广阔的国内外市场体系。这就要求加快构建完整的全国统一市场，更加注重供需循环，深化供给侧结构性改革，提高经济供给质量，构建完整的内需体系，深化收入分配制度改革，扩大“两新一重”建设的新型投资需求，积极培育新消费；更加注重创新循环，实施创新驱动发展战略，加快关键核心技术攻关，打通支撑科技强国的全流程创新链条，打造未来发展新优势；更加注重产业循环，稳定优化产业链、供应链、价值链，建设实体经济、科技创新、现代金融、人力资源协同发展的现代产业体系；更加注重城乡区域循环，以新型城镇化和乡村振兴战略为抓手，培育区域发展新增长极和动力源，促进形成优势互补、高质量发展的区域经济布局；更加注重扩大高水平对外开放，以制度开放为着力点，加强与世界经济的联系和外循环，培育国际合作竞争新优势，以高水平开放反制逆全球化。

第二节　生态农业与农业可持续发展

一、生态农业

（一）生态农业的产生背景

在人类接近一万年的农业发展史中，生态农业的出现是一个重大的变革。生态农业是在原始农业、传统农业和现代农业的发展基础上，根据生态学原理和方法，以维护和提高农业生态系统的稳定性、可持续性为目标，科学调控农业生态系统中的物质能量流动和信息传递，有机地结合和利用农业生态系统中的各种资源和环境，保护和改善农业生态环境，提高农业生态效益和经济效益，实现农业的可持续发展。

生态农业的产生，其背景与现代农业发展所带来的一系列发展挑战密切相关。20 世纪 70 年代以来，现代农业虽然给人们带来了高效的劳动生产率和丰富的物质产品，但同时也带来了许多问题，包括土壤侵蚀、化肥和农药用量上升、能源危机加剧、环境污染等。

土壤侵蚀是现代农业带来的一个重大问题。由于过度依赖化肥，农田土壤结构被破坏，造成了大量土壤流失。过度使用农药，导致了农田生物多样性的丧失，影响了农田生态系统的稳定性。

化肥和农药的过度使用，不仅对农田生态系统造成了影响，也对人类健康构成了威胁。过量的化肥和农药残留在农产品中，进入人体，可能引起各种健康问题。同时，农药和化肥的生产和使用也是能源消耗的重要来源，加剧了能源危机。

现代农业的发展还加剧了环境污染。农田排放的氮、磷等营养元素，通过地表径流和地下渗透进入水体，引起水体富营养化，影响水生生态系统的稳定性。

面对现代农业带来的这些情况，人们开始探索新的农业发展模式，于是产生了生态农业。作为一种新型的农业发展模式，生态农业以其在维护农业生态系统稳定性、可持续性、保护和改善农业生态环境等方面的优势，被越来越多的人所选择和接受。这也是为什么说生态农业是世界农业发展史上的一次重大变革。

生态农业以生态平衡为基础，强调以环保、可持续的方式进行农业生产。它强调利用自然的力量，如土壤微生物、自然授粉者和天敌等，而非化学药品和化肥，来管理农田，保护农田生态系统的多样性和稳定性。

生态农业的产生是对现代农业发展所带来问题的一种回应，秉承了原始农业和传统农业的生态智慧，借鉴了现代农业的科技手段，致力于解决现代农业带来的土壤侵蚀、化肥和农药过度使用、能源危机和环境污染等问题，实现农业的可持续发展。因此，生态农业被誉为农业发展的新路径，为农业发展指明了正确的方向。

（二）生态农业的内涵

生态农业，这一概念的提出，其底蕴深厚，涵盖着农业生产的多个方面，旨在提供一种全新的农业发展模式。生态农业的原始词根来源于英文“Eco-agriculture”，其中“Eco”一词由古希腊语“Oikos”演化而来，意为“住所和家庭”。生态农业的本质，就是以家庭为基础，以环境为前提，塑造一个适宜生产和生活的农业环境。

生态农业倡导尊重并遵循生态学和生态经济学的原理，倡导利用现代科学技术和管理手段，同时兼顾传统农业的有效经验，因地制宜地设计、组装、调整和管理农业生产和农村经济，力求在经济效益、生态效益和社会效益上达到最佳平衡。生态农业并非只追求经济效益，而是注重整体效益的提高，以确保农业的持续稳定发展。

生态农业是一个相对于石油农业的概念。石油农业，也就是以化石能源为主要投入的农业，长期以来带给我们的是快速增长的农业产量，但伴随着环境质量的严重下滑和资源过度消耗。相对于石油农业，生态农业就像是给农业带来了新的生机，也提供了一个解决当前环境和资源问题的可能性。尽管生态农业提倡的原则性模式并无严格的标准，但其目标清晰明确，即保护环境，持续发展。

在理解生态农业内涵的过程中，有的人把生态农业与绿色食品等同。事实上，生态农业并不等同于绿色食品的产出。绿色食品虽然是生态农业的重要组成部分，但并不是其全部，生态农业涉及的内容更广泛。绿色食品有严格的标准和规定，包括环境质量、生产操作、产品质量和包装储运等各方面。而生态农业则更注重农业生产过程中的生态环境保护和资源循环利用，不仅在生产环节要求严格，而且在产品流通和消费环节也有所要求。

从本质来说，生态农业是一个农业生态经济复合系统——将农业生态系统与农业经济系统相结合，以获取最大的生态经济整体效益。生态农业将各种农业业态如农、林、牧、副、渔综合起来，形成了一个大农业系统，适应市场经济发展的现代农业。同时也将农业种植、养殖、加工、销售、旅游等环节融合在一起，形成一个大的农业产业链。这也是生态农业在农业发展中的一种新模式，是一种知识密集型的现代农业体系。

生态农业，是基于生态学理论的，运用系统工程方法，以合理利用农业自然资源和保护良好的生态环境为前提，因地制宜地规划、组织和进行农业生产的一种农业。在这个过程中，充分发挥了太阳能的固定率和利用率、生物能的转化率、废弃物的再循环利用率等因素，提高了农业生态系统内部的物质循环利用和多次重复利用，以尽可能少的投入，求得尽可能多的产出。

在农业发展的过程中，已经创造出了许多具有明显增产增收效益的生态农业模式，比如稻田养鱼、稻田养萍、林粮、林果、林药等方面间作的主体农业模式，将农、林、牧相结合；粮、桑、渔相结合；种、养、加相结合等复合生态系统模式，用鸡粪喂猪、猪粪喂鱼等有机废物多级综合利用的模式等。

在此基础上，生态农业更进一步，结合了有机农业与无机农业，既避免了石油农业的弊端，又突破了传统农业的局限性。生态农业将有机农业的精耕细作、有机肥料施用、间作套种等优良传统，与无机农业的化肥施用、低毒高效农药等现代科技手段相结合，形成了一种具有资源、环境、效率、效益兼顾的综合性农业生产体系。生态农业不仅仅是一种农业生产方式，更是一种生态系统观念的具体实现，是农业生产者与大自然和谐共处的体现。

（三）生态农业的特点

1. 综合性

生态农业是一种新型的农业模式，不仅包括传统的农田耕作，也包括林业、畜牧业和渔业等多种农业形式。生态农业的综合性主要体现在其能够整合各种农业形态，促进农业生态系统的多元化发展。这种整合的原则基于生态学的理论，强调整个农业生态系统的平衡和稳定，而不仅仅是单一农业产业的发展。在生态农业的体系中，各种农业形态相互补充，相互促进，形成一个相互依赖的有机整体，有利于提高农业生态系统的复杂性和稳定性。

生态农业的综合性也体现在农业生产过程中。传统的农业生产方式往往只注重一种作物的生产，而忽视了农业生态系统中其他生物的作用。而生态农业则充分利用了生态学的知识，发展出各种多元化的农业生产模式，如复合农业、农林牧复合农业、生态渔业等。这些模式不仅提高了农业生产的效率，也使得农业生产更加符合生态原则，有利于农业生态系统的健康和稳定。

2. 多样性

生态农业的多样性主要表现在生态农业的生产模式上。由于我国的地理环境、气候条件和土壤条件的差异，不同地区的生态农业发展模式也各不相同。例如，在水源丰富的地区，生态农业可能主要以生态渔业或稻田养鱼为主；在森林覆盖率高的地区，生态农业可能主要以农林复合农业或森林旅游农业为主；在草原地区，生态农业可能主要以草牧复合农业为主。

生态农业的多样性还表现在其农业产品上。由于生态农业注重农业生态系统的维护，使得农业生产过程中的生物多样性得到了保护和提升。因此，生态农业产出的农产品种类丰富，不仅有粮食、蔬菜、水果等传统农产品，也有药材、食用菌、饲料、生态食品等新型农产品。这种多样性使得生态农业在市场经济条件下更具竞争优势，也满足了现代社会对食品健康的需求。

3. 高效性

生态农业倡导的循环经济理念，充分发挥了生态系统内部物质的循环利用和能量的转化，提高了农业资源的利用效率。这种高效性主要体现在农业生产过程中的物质循环和能量流动上。例如，在农田生态系统中，农作物的剩余物可以作为肥料回馈到土壤中，提高土壤肥力；在农林牧复合农业系统中，树木可以为牧草提供阴影和保护，而牧草和家禽则可以为树木提供营养物质。

在生态农业的系统中，农业生产的废弃物也得到了合理的利用。例如，家禽的粪便可以作为肥料应用到农田中，提高农田的肥力；农作物的残茬可以用于饲料或有机肥的制作，实现资源的再利用；农业生产中的农作物秸秆可以用于生物能源的生产，实现能源的可持续利用。这种循环经济理念不仅使得农业生产过程中的废弃物得到了合理利用，也提高了农业生产的经济效益。

4. 可持续性

生态农业旨在建立一个持续的农业生产系统，这个系统能够在满足当前人类的需要的同时，不损害未来代际满足其需要的能力。生态农业强调的是长期的、持续的农业生产，而不是短期的、片面的农业生产。生态农业倡导的是可持续农业，它关注的不仅是农业生产的效率，还包括农业生产的环境影响、社会效益和文化价值。

生态农业的可持续性主要体现在其对生态环境的保护和维护上。生态农业通过模拟自然生态系统的循环机制，减少化学物质的使用，保护生物多样性，维护土壤健康，减少环境污染，使得农业生产过程和生态环境形成一个和谐的共生系统。同时，生态农业也注重对农民的教育和培训，增强农民的环保意识和技能，使得农民成为生态环境的保护者和维护者。

5. 开放性

作为一种新型的农业发展模式，生态农业摒弃了传统农业的封闭和一元化的生产模式，转向了开放和多元化的生产模式。这种开放性体现于这种新的生产模式结合了最新的科技成果，如现代生物技术、信息技术等，将其引入到农业生产中，提高了农业生产的效率和质量。比如，通过引入现代生物技术改良了种子，提高了作物的抗病性和产量，实现高效、环保的农业生产。

另外，生态农业的开放性还体现在与其他产业的有效整合上。生态农业鼓励农业与旅游业、服务业等产业的融合，形成了农业和非农业相结合的多元化生产模式。比如，可以在不影响农业生产的前提下，开展农田观光、农业体验等活动，将农田变成一个集生产、生活、休闲为一体的多功能空间。这种开放性不仅为农业带来了更多的发展机遇，也丰富了人们的生活。

6. 稳定性

生态农业的稳定性体现在其注重农业生产的持久和稳定上。一方面，生态农业并不是短期的、不稳定的生产模式，其来源于生态农业倡导的循环经济理念和生态系统的稳定性。通过充分利用农业生态系统内部的资源和能量，生态农业能够保证农业生产的持久性和稳定性，实现农业生产的可持续发展。例如，生态农业鼓励利用农作物残余物进行堆肥，将废物转化为有用的肥料，既减少了废物的产生，又为农业生产提供了丰富的有机肥。这种循环利用的方式，使得农业生产形成了一个良性的生产循环，保证了农业生产的稳定性。

另一方面，生态农业注重培养农民的环保意识和技能，使农民成为生态农业的实施者和推动者。比如，通过组织培训和教育，农民可以学习到最新的农业生产技术和环保理念，再用这些知识和技能指导他们的农业生产，使农业生产更加环保、可持续。同时，农民的参与也使得生态农业得到了广泛的认同和支持，保证了生态农业的稳定发展。

二、农业可持续发展

农业可持续发展起始于一种理念，即当今的生产和发展应满足当前的需要而不损害未来代际的需求，这一理念来源于 1987 年提出的“可持续发展”概念。

1987 年，以挪威前首相布伦特兰夫人任主席的“世界环境与发展委员会”向联合国大会提交了研究报告《我们共同的未来》，报告将注意力集中在全球人口、粮食、物种、遗传资源、能源、工业和人类居住等方面，并提出了“可持续发展”的概念。布伦特兰夫人把环境保护与人类发展切实结合起来，实现了人类有关环境与发展思想的重要飞跃，并得到了国际社会的广泛共识。

可持续发展是指满足现代人的需求且不损害后代人满足需求的能力。换句话说，就是指社会、经济、资源与环境保护协调发展，它们是一个密不可分的系统，既要达到发展经济的目的，又要保护好人类赖以生存的大气、淡水、海洋、土地和森林等自然资源和环境，使子孙后代能够永续发展和安居乐业。

我国首次提出可持续发展是中国科学院在1999年的《中国可持续发展战略报告》中，其中提到，我国可持续发展战略必须实现三大目标，即实现人口规模的零增长，实现能源消耗的零增长，实现生态退化的零增长。之后，可持续发展的理念作为国家基本战略，通过全民参与实现可持续发展。这是一个追求长远发展的经济增长模式，强调环境、社会、资源的协调发展。

在农业领域，这种发展模式需要平衡农业的发展和对环境资源的保护，使农业发展成果能够满足人们当前的需求，而不对未来的资源和环境构成威胁，使得子孙后代能够永续发展，安居乐业。

农业可持续发展旨在形成一种新型的农业发展格局。这种格局突出了资源的节约、环境的友好、产业的高效以及农民的增收；关注的不仅是农业生产的效率和效益，还包括农业生产的环境影响和社会效益。通过提高农业生产的效率和效益，可以促进农民的收入增加，提高农民的生活水平；通过节约资源和保护环境，可以保证农业生产的长期稳定和可持续。

农业可持续发展的实现有赖于农业经济结构的优化。这一优化不仅能提高农业的经济效益，也能促进农业的稳定发展，为农业生产提供了持续的动力。同时，通过优化农业经济结构，可以充分利用农业资源，提高农业资源的使用效率，减少农业生产过程中的环境污染和资源浪费。农业经济的可持续发展同时也有助于农民的增收，提高农民的生活水平，从而形成一个农业生产、农民收入和环境保护相互促进的良性循环。

农业可持续发展同样强调自然生态环境的保护。在农业生产过程中，尽可能减少化肥、农药等有害物质的使用，避免对环境的破坏。同时，通过采取科学的农业生产和种植方法，可以改善土壤质地，提高土壤肥力，从而提高农作物的产量和质量。通过优化农业生产方法，可以在满足人们当前的需求的同时，保护和改善自然生态环境，实现人与自然的和谐共生。

农业可持续发展的理念和方法为农业的发展提供了新的方向。它要求农业生产既要满足人们当前的需求，又要考虑到未来的资源和环境，实现农业生产和环境保护的平衡。在实现这一目标的过程中，既要保证农业的经济效益，又要注重农业的社会效益和环境效益，通过优化农业经济结构和生产方式，使农业生产、农民收入和环境保护能够相互促进，形成一个稳定的、可持续的农业发展模式。

三、生态农业是农业可持续发展的重要路径

生态农业作为一种具有现代科技理念的农业发展方式，在保证农业经济效益的同时，坚持对自然环境的保护，促进人与自然和谐共生。这种农业发展方式既能够满足人们当前的需求，又不损害未来几代人的利益，且可持续性本身就是生态农业的一大特点，因此，生态农业是农业可持续发展的重要路径。在此背景下，发展生态农业不仅能促进农业经济的可持续发展，提高农产品的质量，还能保护生态环境，实现社会、经济和生态效益的统一。可以说，生态农业是农业现代化和人与自然和谐发展的必然选择。

生态农业对于我国农业发展的意义尤其重大。我国是一个农业大国，但面临着人口压力大、农业资源短缺、环境问题日益严峻的挑战。传统的农业生产方式已经不能满足人们对农产品质量和数量的需求，而且还会造成环境破坏和资源浪费。因此，我国从20世纪80年代初期开始探索生态农业，目前已经形成了探索的热潮。通过生态学者和农业技术人员的努力，人们的生态意识得到了提高，各级政府也认识到了生态农业的重要性和紧迫性。发展生态农业需要与我国经济发展水平相协调，因地制宜。

我国是一个发展中的社会主义国家，农业区域分布、自然资源和环境、经济水平存在较大差异，各地发展不平衡。因此，我国的生态农业发展不能“一刀切”，而应根据不同地区的自然条件、资源基础和经济

社会发展水平制定相应的目标，平衡经济效益、社会效益和生态效益之间的关系。

对于经济发达地区的农业发展，重点应放在生态效益上，保护农业生态环境和农村生活质量。要加大资金投入，恢复已被破坏和退化的农业生态系统，注重节约能耗，降低农药和化肥的使用量，应用生态化农业新技术提高农业生产效率，生产安全、绿色、环保的生态农业产品，满足地区人民高质量、健康生活的需求。

对于欠发达地区的农业发展，重点应放在经济效益和社会效益上，兼顾生态效益。要摒弃自给自足的自然农业思想，应用高新农业生产技术，大幅提高农业生产总量和单位面积产量，确保农产品的供应数量和质量大于或等于社会需求，保证人口健康再生产，提高当地经济水平和人民生活质量，推动当地社会文明进步。然而，在追求经济和社会效益的同时，不能以牺牲农业生态系统为代价，要合理利用、保护和改善自然资源，发展中国特色生态农业。

在未来的农业发展中，我国将继续加强生态农业的研究和推广，培养更多的专业人才，推动科技创新，提高农业生产效率和资源利用效率，打造绿色、可持续的农业发展模式，为人们提供更安全、健康、可持续的农产品，同时保护我们宝贵的生态环境。

第三节 生态经济与农业经济

一、生态经济

（一）生态本身就是经济

生态本身就是经济，这也是生态经济的由来。

生态系统作为人们生活的基础，为经济活动的展开提供了可能性。

自然资源，包括水、土壤、植物和动物等，是人类社会经济活动的基础。例如，农业活动依赖于土壤的肥力、水源的供应和气候条件。工业活动依赖于矿产资源、能源供应等。而这些都是生态系统为我们提供的服务和条件。没有良好的生态环境，人类的生存和发展就无从谈起。生态环境的稳定性和持久性是决定经济活动能否持续发展的重要条件。因此，生态本身就是经济，生态环境的保护和改善，就是维护和发展经济活动的基础。

生态系统除了提供生存条件和经济活动的基础外，还具有众多的价值。生态系统的价值，既包括直接的经济价值，也包括间接的生态服务价值，甚至是难以用金钱衡量的生命价值和精神价值。

生态系统的经济价值直接体现在为经济发展提供原材料方面，这在生产、流通、消费过程中不可或缺。从最基础的角度看，生态系统提供了大量的原材料，从而推动经济发展。这些原材料包括木材、水资源、矿产资源、生物资源等。这是各种产品生产的基础，无论是家具制造、食品生产，还是能源开发、药物研发，都离不开这些生态原材料。这些原材料也是各类服务业运行的基础，如旅游业依赖于自然景观，水产业依赖于水资源等。因此，生态系统提供的原材料在经济发展中扮演着关键角色。

同时，生态系统的健康和稳定也对经济活动产生深远影响。生态系统通过净化空气、调节气候、防止土地退化、维持水源供应等功能，为经济活动提供了稳定的环境条件。而这些环境条件的改变，无论是空气质量的恶化、气候的异常变化，还是土地的退化、水源的减少，都可能对经济活动产生重大影响，引发生产成本上升、生产效率下降、市场需求减少等问题，甚至可能引发经济危机。

生态系统的生态服务价值则更为广泛。比如，森林的水源涵养、气候调节、土壤保护、生物多样性保护等功能，湿地的净化水质、维持水源、防止洪涝、保护生物多样性等功能，都是生态系统为人类提供的重要服务。这些服务可能无法直接转化为经济利益，但对人类的生存和社会经济活动起着不可替代的作用。

而生态系统的生命价值和精神价值，更是超越了经济的范畴。生态系统保护了地球上的生物多样性，这些生物种类和生物个体都有其生命的价值，这种价值是无法用金钱衡量的。同时，生态系统也给人们提供了精神寄托，比如，人们可以在自然中寻找灵感，体验自然之美，得到心灵的宁静和满足。

在现代社会，生态系统的价值已经被人们广泛认知，人们开始积极探索将生态效益转化为经济效益和社会效益的途径。比如，通过发展生态农业、生态旅游、生态林业等生态经济形式，既可以保护生态环境，也可以创造经济利益，实现经济与环境的双赢。再如，通过建立生态补偿机制，使得保护生态环境的行为可以获得经济回报，从而激励人们参与生态保护。

此外，社会效益也是生态效益转化的重要方向。比如，通过改善环境质量，提高人们的生活质量；通过维持生物多样性，保障人类未来的资源供应；通过发展绿色产业，创造更多的就业机会；通过推动绿色技术的研发和应用，提高社会的科技水平等。这些都是生态效益转化为社会效益的具体表现。

所以说，生态本身就是经济，保护生态就是发展生产力。生态系统的价值不仅体现在为经济发展提供原材料，更体现在为经济活动提供稳定的环境条件，以及为社会进步提供推动力量上。而将生态效益转化为经济效益和社会效益，是实现经济与环境、社会的和谐发展的有效途径。这也是“生态本身就是经济”的含义。

（二）生态经济的内涵

生态经济，作为一个在环境和经济之间寻找平衡的科学领域，涵盖了多个层面。在当今的全球环境下，随着人类活动对环境的影响越来越大，人们开始意识到，如果没有可持续的经济模式，那么社会发展的长期前景将会受到一定的威胁。因此，生态经济逐渐成为重要的学科，其内涵更是涉及了多个方面，具体可以从以下四个角度来理解。

从第一个角度来理解，生态经济可以看做是一种改变生产和消费方式的方法。传统的经济模式常常把环境视作无限的资源储备和无尽的废物储存库。然而，这种模式与地球的生态系统是不兼容的，因为生态系统的承载能力是有限的。生态经济学要求我们更加尊重自然规律，优化生产和消费方式，更加高效、节能和环保地使用资源。这不仅可以降低对环境的压力，也有助于实现更可持续的经济发展。

从第二个角度来理解，生态经济是一种指向发展经济发达、生态高效的产业。经济发达并不意味着需要消耗大量的自然资源，或者产生大量的环境污染。通过改进技术和管理，发展循环经济、绿色经济、低碳经济等新型产业，经济活动可以更加符合生态原则，既能创造经济效益，又能保护环境。这样的产业，可以被视为生态经济的重要组成部分。

从第三个角度来理解，生态经济是构建体制合理、社会和谐的文化以及生态健康、景观适宜的环境。因为经济发展不仅关乎物质生活，也关乎精神生活和社会环境。体制合理，可以保证资源的公平分配和环境的公正保护；社会和谐，可以维护社会稳定，提高人民的幸福感；生态健康、景观适宜，可以提高人们的生活质量，丰富人们的精神世界。因此，生态经济不仅关乎经济效益，也关乎社会效益和生态效益。

从第四个角度来理解，生态经济是在经济活动中充分考虑到的生态因素。经济活动并不是独立于生态环境的，相反，二者是相互密切关联的。生态环境为经济活动提供了必要的物质基础，而经济活动则会对生态环境产生影响。因此，在进行经济决策时，必须充分考虑到对生态环境的影响，实现经济和生态的双重优化。

从上述的讨论中可以看出，生态经济是一种多层次、多维度、多目标的经济模式，也是一种全新的经济理念，是一种追求人与自然和谐共处的新型发展方式。其内涵丰富，涉及社会、经济、环境等多个领域，与过去的传统经济模式有着本质的区别。传统经济模式通常以经济增长为唯一目标，而生态经济则同时考虑到社会、经济和环境的多元目标。这是因为，生态经济认识到，社会、经济和环境是三位一体的，它们相互依赖，相互影响。只有实现三者的和谐统一，才能实现真正的可持续发展。

在实践中，生态经济意味着将环保融入各个经济活动，这无论是对企业，还是对政府，甚至是对每一个公民，都提出了新的要求：不仅需要调整生产和消费方式，开发绿色产业，建设和谐社会，还需要人们充分尊重自然规律，坚持可持续发展。

（三）生态经济的三个层面

在生态经济的发展中，存在着三个互动层面。这些层面的作用不同，但都以维护生态环境的持续性，同时推动经济活动的发展为主旨。这三个层面包括：单一型生态经济、结合型生态经济、复合型生态经济。各个层面之间存在着有机的联系，一层向另一层的进阶，象征着生态经济实践的深化与拓展。

1. 单一型生态经济

单一型生态经济主要在企业层面展现。每一个企业都是生态经济的基本单元，它们在实现经济效益的同时，也必须尽量减少对环境的影响。这需要企业运用新技术，采用环保的生产和经营方式，实现资源的有效利用和废弃物的最小化。比如，企业可以引入清洁生产技术，优化生产过程，减少污染排放；也可以推动产品设计的绿色化，提高产品的环保性能和资源利用率；还可以加强废弃物管理，实现废弃物的减量化、资源化和无害化。此外，企业还需要在经营决策中充分考虑环境因素，如在选址、设计、投产、运营等环节，都应评估环境影响，尽可能选择对环境影响最小的方案。在这个层面，生态经济是企业经营的一种新理念，要求企业在追求经济效益的同时，也要注重生态效益，实现经济与环境的双赢。

2. 结合型生态经济

结合型生态经济是企业之间的生态经济链，要求企业不仅要做到自身的生态化，还要推动整个产业链的生态化。这就需要企业与上下游企业合作，共同实施绿色采购、绿色生产、绿色销售等生态化措施，形成一条生态经济链。例如，企业可以通过绿色采购，选择环保的原材料和设备，推动供应商提高环保水平；也可以通过绿色销售，推动消费者购买和使用环保产品，提高市场对环保产品的接受度。在这个过程中，企业需要建立和维护良好的合作关系，以便共享环保信息，共同解决环保问题。在这个层面，生态经济是一种产业链的协作模式，要求企业跨越自身的界限，与其他企业一起推动生态经济的实现。

3. 复合型生态经济

复合型生态经济则是在整个社会层面的生态经济，要求社会各方面都积极参与生态经济的实践，共同构建资源节约型、环境友好型的社会。这就需要政府、企业、公众等各方面共同努力。政府需要通过制定和实施相应的政策，为生态经济的发展提供良好的制度环境。如可以通过立法，规定企业必须遵守的环保标准和规则。也可以通过政策引导，鼓励企业采取环保措施，如给予税收优惠、资金支持等激励措施。而企业和公众则需要在日常活动中，积极实践生态经济，如企业要持续改进生产和经营方式，公众要积极参与绿色消费，支持环保产品和配套服务。在这个层面，生态经济是社会发展的一种新方向，它要求社会各方面共同参与，共同推动社会的生态化。

生态经济的三个层面从不同的角度展示了生态经济的实质和功能。它们既互相联系，又各有侧重，共同构成了生态经济的全貌。通过深化生态经济的实践，人们可以更好地理解和掌握生态经济，从而更有效地推动经济的可持续发展，构建和谐的人与自然关系。

（四）发展生态经济的意义

人与自然、人与社会是现代人类社会的两种基本关系，它们互为影响，相互交织，形成了一个复杂的生态系统。这个生态系统的复杂性和多元性，使得人们在处理与自然和社会的关系时，必须要有更高的智慧和更深的认识。在此背景下，生态经济发展的意义不容忽视。

从理论角度来说，生态经济学是对传统经济学理论的延伸和深化，在寻求经济增长的同时，强调与环境的和谐共生，提出了新的理念和策略。这些理念和策略的实施，能够帮助我们在处理与自然和社会的关系时，找到一种平衡，实现社会、经济和环境的共赢。生态经济发展的目标是通过科学管理和合理利用资源，提高资源利用效率，减少环境污染，实现社会、经济、环境的协调发展。这是对经济学新观念的提出，也是对传统经济发展模式的一种批判和反思。这种新的视角和思维方式，将会带来更深远的影响，将改变人们对社会、经济、环境的认识，也将推动社会、经济、环境的协调发展。

从实践角度来说，在我国，生态经济的发展有特殊的意义。我国正处于高速发展的阶段，土地面积广大，资源丰富，人口众多，这些因素使得我国在发展过程中，必须要对环境保护和资源利用给予足够的重视。因此，我国发展生态经济，不仅是为了实现经济增长，更是为了实现资源的可持续利用和环境的可持续保护。生态经济的发展将推动我国经济社会的全面发展，提高经济社会的竞争力，扩大就业，促进社会稳定；同时，还将促进我国环境的改善，提高人民的生活质量。这一点，可以从我国近年来在环境保护和资源利用方面取得的成果中得到证明。

另外，生态经济的发展对社会发展意义重大，影响人们的社会结构和生活方式。生态经济的发展，意味着人们需要从短视的经济增长思维转变为更为长远的、全面的视角去考量问题。这一转变既是对环境保护的需要，也是社会发展的需要。在生态经济发展的理念下，人们认识到资源的有限性，重视资源的合理利用，倡导绿色低碳的生活方式，这不仅可以帮助节省资源，减少环境污染，也可以帮助人们提高生活质量，增强社会的和谐性。

生态经济的发展也意味着需要在经济发展的同时，充分考虑社会公平公正的问题。这是因为，资源的过度开发和环境的恶化，往往会使得弱势群体受到更大的影响。发展生态经济时，可以通过改善环境、优化资源配置，来提高社会的公平公正。同时，生态经济的发展还可以提高社会就业率，提供更多的工作机会，增强社会稳定性。

综合来看，发展生态经济最直接的意义在于提供了一种更为合理的经济发展理念和方式，这种理念和方式不仅可以帮助人们实现经济增长，还可以帮助人们实现资源的可持续利用、环境的可持续保护、社会的和谐稳定。这是一种全面的、长远的发展思维，是现代社会发展的需要，也是人类未来发展的方向。

二、农业经济

（一）农业经济的内涵

农业经济作为一个复杂而多元的体系，其内涵不仅仅局限于表面的农作物生产，更是涵盖了一系列的经济活动和经济关系。这种经济体系以广大的耕地和众多的人口劳动力为基础，主要取决于劳动力资源的劳动经济。可以说，生产、交换、分配、消费等方面的经济活动和经济关系都构成了农业经济的内涵。

在生产活动方面，以种植业和畜牧业为主的农业经济构成了全球食品供应的基础。种植业涵盖粮食作物、蔬菜、水果、茶叶、棉花、油料作物等多种农产品的种植，它们直接满足了人类的基本生活需求。而畜牧业则提供了丰富的动物性食品，包括肉类、奶制品和蛋类等。同时，林业和水产业也是农业经济的重要组成部分，林业提供了木材、果实等资源，水产业则满足了人们对海产品的需求。农业生产活动的特征包括周期性强、风险性大、劳动强度高等，其成果取决于自然条件和人类的劳动，是自然环境与人类社会的紧密结合。

在交换活动方面，农业经济关注的是农产品的购销、流通和市场化。农产品的购销和流通涉及农产品从生产地到消费地的转移，这个过程可能经过多个环节，包括收购、储存、运输、加工、销售等。而农产品的市场化则指农产品的价格由市场供需关系决定。市场供需关系受到许多因素的影响，包括生产成本、气候变化、政策环境、消费者需求等。这些因素使得农产品价格常常波动，给农业生产带来不确定性。

在分配活动方面，农业经济涉及农业生产的收益分配。这包括农民的劳动收入、土地的租赁收入、农业企业的利润等。农业生产的收益分配方式直接影响农业生产的积极性、效率和公平性。例如，如果农民的劳动收入太低，他们可能会选择离开农村，从事城市的工作，这会影响农业生产的稳定性和效率。

在消费活动方面，农业经济涉及农产品的消费。农产品的消费包括直接消费和间接消费。直接消费指的是人们直接食用农产品，间接消费则指的是农产品被用作工业原料或饲料。农产品的消费不仅满足人们的生活需要，也带来了社会对农业生产的需求，从而影响农业生产和农产品价格。

农业经济的内涵是多元化的，包括生产、交换、分配、消费等多方面的经济活动和经济关系。这些活动和关系都是互相联系、互相影响的，构成了农业经济的完整体系。理解农业经济的内涵，能够帮助人们更好地理解农业经济的运行机制和发展规律，对农业经济的发展和管理具有重要的指导意义。

（二）农业经济的形式

1. 全民所有制农业经济

全民所有制农业经济是社会主义经济的重要组成部分，其基本特征在于所有的生产资料归国家所有，所有的农业生产活动都受到国家的直接管理和控制。

全民所有制的农业经济主要有两种类型：国有农场和各类为农业服务的国有农业企业和农业事业。其中，国有农场是全民所有制的主要形式，其特点在于规模大、技术装备和经营管理水平高、资源丰富。这种经济形式能够充分利用先进的科学技术，合理地利用各种资源，更好地运用国家的人力、物力和财力，更好地按照国家的需要来发展生产，有较高的劳动生产率和商品率，因而在社会主义经济建设中具有重要的作用。

2. 集体所有制农业经济

集体所有制农业经济是农业中的主要经济形式，这种形式主要有地区性农业合作经济，乡办、村办集体企业，服务性的合作经济和多种形式的联合经济等。在这种经济形式下，生产资料归集体所有，集体成员共享收益。集体所有制的农业经济的优点在于它能够调动农民的积极性，提高农业生产效率，增加农民收入，促进农村经济发展。

3. 农业个体经济

农业个体经济是以家庭为主要生产经营单位，生产资料为个人所有，产品归个人支配，依靠自己家庭的劳动力、生产资料和资金，从事农、林、牧、渔、工、商、建、运、服务等各业的某个方面的综合性生产或专业性生产，实行独立核算，自负盈亏的一种经济形式。农业个体经济的优点在于能够充分调动农民的积极性，促进农业生产效率的提高，有利于农业的现代化进程。

4. 农业私营经济

农业私营经济在农业中的表现为雇佣劳动为基础的经济形式。这种形式的特点在于经营者能够充分利用市场机制，灵活调整生产经营策略，追求最大的经济效益。具体来说，这种经营形式更注重市场需求，对农产品的种类、数量和质量都有很高的要求，而且需要对市场变化有敏锐的洞察力，能及时调整生产计划。私营农业经营者通常会采用更先进的技术和管理方法，以提高生产效率和商品质量，满足市场需求。

5. 农业联营经济

农业联营经济是指不同所有制性质的企业之间，或企业、事业单位之间共同投资组成新的经济实体的一种经济形式。在农业中的联营经济可以充分利用各方的资源优势，整合农业资源，优化农业产业结构，提高农业经济效益。例如，大型农业企业可以与小型农户联合，共同开发农产品市场；或者农业科研机构可以与农业生产企业联合，共同推动农业科技创新。

6. 农业股份制经济

农业股份制经济是指全部注册资本由全体股东共同出资，并以股份形式兴办企业而形成的一种经济形式。在农业中，股份制经济的形式可以有效地引导农民参与农业生产和经营，提高农业生产效率，增加农民收入。股份制经济在农业中的发展，可以吸引农民投资，将农民从单纯的劳动者转变为农业的投资者和经营者，从而提高农业生产的积极性和效率。

7. 农业中外合资经济

农业中外合资经济是指引进国外资本在我国农业中开办的中外合资企业、中外合作经营企业和外商独资经营企业。这种形式的经济活动有助于引进外资，扩大农业生产规模，提高农业生产技术，拓宽农产品市场。中外合资经济在农业中的发展，带来先进农业技术和管理经验的引入，提高农业生产效率，增加农民收入，推动农业现代化进程。

以上就是农业经济的七种主要形式，每种形式都有其特点和优点，也都存在一些问题和挑战。因此，在发展农业经济的时候，需要根据实际情况选择适合的经济形式，充分利用其优点，解决其存在的问题，推动农业经济的持续、健康、稳定发展。

（三）农业经济可持续发展

农业经济的可持续发展是一项全球性的议题，对保护地球生态环境，满足人类长远发展的需求具有重要的意义。近年来，农业经济可持续发展的理念逐渐在全球范围内得到推广和应用，为解决农业生产、环境保护和社会发展的矛盾提供了新的路径。

农业经济可持续发展首先是以可持续利用资源为基础。地球上的自然资源是有限的，许多资源是不可再生的，如土壤、水源等。在农业生产中，土地是最基本的资源，如果没有规划合理的土地利用，那么土地资源将被耗尽，农业生产将无法进行。因此，农业生产应尽量降低对土地的依赖，通过科技进步、改良种植方式和改进农业管理，提高单位土地的产量；同时，对土地进行科学合理的规划和利用，避免过度开发和滥用。在这个过程中，也应注意保护土壤的肥力和保持生物多样性，防止土地退化和生态失衡。

同时，农业经济可持续发展也需要注重可选择性。随着科技的进步，现代农业生产方式正在发生变革。比如，使用智能农业技术，可以准确地测量土壤的营养状态，精确施肥，减少肥料的浪费和环境污染。再比如，利用遥感和大数据技术，可以实现精准农业，提高农业生产的效率和效益。这些技术不仅可以增加产量，而且可以保护环境，实现农业生产的可持续性。然而，不同地理条件下的农业生产方式应当选择不同的技术。这需要充分考虑地方的自然条件、资源状况、文化习俗等因素，选择最适合的农业生产方式。

效益性是农业经济可持续发展的又一关键因素。农业经济的效益主要体现在农业生产的产量、质量和经济收益上。在追求高产量的同时，也要关注农产品的质量，提高农产品的附加值。同时，农业生产的经济收益也是农业经济可持续发展的重要指标。只有高效益的农业生产，才能为农业的持续发展提供必要的经济条件，保证农业生产的稳定和农民的收入。

农业经济可持续发展不仅是农业生产的问题，也是社会经济发展的问题。农业生产的改革和进步可以提高农业经济的效益，改善农民的生活质量，提高农村的社会经济水平。同时，农业经济的可持续发展，也可以促进社会和谐，维护社会稳定，为国民经济的发展做出贡献。

总的来说，农业经济可持续发展是一种科学合理的发展模式，兼顾了农业生产、资源环境和社会经济的多重需求，为实现人与自然和谐共生提供了新的解决路径。虽然农业经济可持续发展面临许多挑战，但只要坚持科学理性的发展观，积极采用新的技术和方法，就一定能够实现农业经济的可持续发展，构建美好的农业未来。

三、生态农业经济

（一）生态农业与生态经济

生态经济是一个涵盖了所有经济活动的宏观概念，主张在经济活动中保护生态环境、节约资源使用，并尽可能实现环境的可持续利用。生态经济的核心是将环境保护和经济发展相结合，实现经济活动的可持续性。生态经济的范围包括了农业、工业、服务业等所有的经济领域。

生态农业则是生态经济在农业领域的具体体现，是将生态经济的理念应用于农业生产的过程。生态农业主张在农业生产中尽量减少对环境的负面影响，提高资源使用的效率，并实现农业生产的可持续性。生态农业旨在通过科学的农业生产方式，维护农业生态系统的稳定，提高农产品的质量，实现农业的可持续发展。

生态农业作为生态经济的一部分，其实践和发展不能脱离生态经济的大背景。在实施生态农业的过程中，需要考虑的不仅是农业生产本身，还要考虑农业与其他经济活动之间的关系，以及农业生产对整体环境的影响。同样，生态经济的实施也不能忽视农业的重要角色，因为农业既是重要的资源消耗者，也是重要的资源提供者。生态农业的发展能够帮助实现生态经济的目标，即实现经济活动的可持续性。

可以说，生态农业是生态经济的重要组成部分，是实现生态经济目标的重要途径之一。生态农业与生态经济之间存在着密切的联系和互动，共同促进经济和环境的和谐发展。

（二）生态农业与农业经济

生态农业的发展带动了农业经济的改革。在农业建设中，生态农业不仅仅是一种生产方式，更是一种理念，主张环保、可持续和高效的农业生产，这一理念的发展必然会引导农业经济的发展模式向更加环保、高效的方向转变。在政策层面，生态农业也得到了政府的大力支持，众多政策和资金被用来推动生态农业的发展，促进了农业经济的可持续发展。

生态农业的发展提高了农业经济的效益。由于生态农业强调科学的农业生产，因此在农产品的生产过程中，能够通过合理的作物种植和生态链保护，实现对土地和水资源的保护，同时也提高了农产品的产量。生态农业所生产的农产品因为其高质量和环保的特点，能够在市场上获得更高的价值，进一步提高了农业经济的效益。同时，由于生态农业减少了对化肥和农药的依赖，也降低了农业生产的成本，农业经济的效益也得到了进一步的提高。

生态农业的发展对农业经济的影响并不仅仅局限于以上所述。在农业生产的过程中，生态农业所秉持的环保、可持续的理念会影响到所有与农业相关的行业，包括农业机械、农业科技、农产品加工等等，这些行业的发展也会反过来促进农业经济的发展。此外，生态农业的发展也将带动相关的服务业，如农业旅游、农业教育等的发展，这些服务业的发展也将进一步推动农业经济的发展。

在21世纪这个新的时代，生态农业已经成为全球农业发展的趋势，其发展将会在农业经济的全过程中产生深远影响。只有紧跟这个趋势，全面推动生态农业的发展，才能实现农业经济的长期可持续发展。

（三）生态农业经济的内涵

生态农业经济，也称为农业生态经济，是农业再生产中生态与经济的内在联系及相互结合的统称，是一种融合了生态和经济概念的农业经济模式，旨在通过保护和恢复生态环境，实现农业生产的可持续性。生态农业经济强调经济和生态的有机结合，尊重自然规律，追求经济效益的最大化，并注重整体认识、系统调控和综合管理。这种模式以生态为基础，以经济为手段，以效益为目标，有着较强的发展潜力。

从自然再生产的角度来看，生态农业经济认识到农业生产首先是一个自然过程，无论是作物的生长、畜牧业的发展，还是森林资源的再生，都离不开自然规律的支配。生态农业经济强调农业生产过程必须尊重自然规律，遵循生态原则，实现人与自然的和谐共生。这意味着农业活动应该注重生物的生长周期、生态系统的自我调整能力，以及自然环境对农业生产的影响等因素。通过充分理解和应用自然规律，生态农业经济可以更好地发展农业生产，同时保护自然资源和生态环境。

从经济和生态的有机结合角度来看，生态农业经济不仅关注生态效益，也关注经济效益。它强调农业生产应该在保护生态环境的同时，追求经济效益的最大化。这需要采用先进的农业技术，提高农业生产效率，并利用经济手段，如市场机制和政策引导，调动农民保护生态环境的积极性。通过经济手段的引导和调控，生态农业经济可以实现生态效益和经济效益的双赢，同时保障农业生产的可持续性。

从整体认识和系统调控的角度来看，生态农业经济强调农业生产不再是孤立的个体行为，而是整个生态系统中的一个环节。这要求我们从整体上认识和理解农业生产，包括自然资源的状况、生态环境的变化、农业技术的发展、市场需求的变化等因素；同时，通过制定科学的政策，进行有效的资源配置和综合管理，实现农业生产的可持续性。生态农业经济通过整体认识和系统调控，可以更好地应对农业发展中的挑战，提高农业生产的效益和可持续性。

通过以上分析可知，生态农业经济是一种融合了生态和经济概念的农业经济模式。强调经济与生态的和谐共生，以生态为基础，经济为手段，效益为目标。生态农业经济需要尊重自然规律，追求经济效益的最大化，并通过整体认识和系统调控来实现农业生产的可持续发展。这种模式具有很强的生命力和发展潜力，可以有效地解决现代农业发展中的问题，为人类创造一个生态健康、经济繁荣的农业环境。在未来的农业发展中，生态农业经济将扮演重要的角色。

第二章 “双循环”格局与生态农业经济的结合

第一节 生态农业经济“双循环”发展的理论逻辑

一、生态农业经济发展的理论基础

（一）生态农业的经济学相关理论

1. 生态农业产业化理论

生态农业产业化理论以市场经济的需求为基础，聚焦于提升农业经济效益。这个理论通过系统化和市场化的资源配置方式，寻求将分散的农户小生产转化为社会化大生产。其核心是经营的一体化：基于农户的积极参与，通过龙头企业的带动，构建了一种新型经济联合体，实现风险共担与利益共享。

在横向层面，这个理论强调资金、技术和土地等农业生产要素的集约化。此处的集约化不仅仅意味着数量的增加，更重要的是质量的提升。也就是说，我们不仅需要更多的资金投入、更高级的技术应用和更大面积的土地利用，更需要这些生产要素的有效利用，确保每一分投入都能产生最大的产出，从而提升农业的经济效益。

在纵向层面，生态农业产业化理论倡导以市场为主导，构建完整的产业链。产前、产中、产后的各个环节都被有机地连接起来，形成一个互补、共生的完整产业体系。这个体系依托于加工企业或合作经济组织，以农户为基础，使用现代科技服务，从而实现了产供销一体化的经营模式。这种经营模式提升了农业的市场竞争力，使农业真正融入市场经济中。

生态农业产业化理论的实质是通过有关方面的共同组合，构建一个风险共担、利益共享的新型经济联合体。在这个联合体中，所有参与主体都可以得到整个产业链的平均利润，形成同一市场条件下同行业、同产品的利润。这也是农业产业化在经济学上的重要意义：不仅是市场经济发展下的重要产物，更是农业开发的内在动力和体制创新的源泉。

不过，生态农业产业化理论的一个重要前提是认识到农业不仅是经济活动，更是生态系统的一部分。农业生产不仅要满足人类的物质需求，还要保护生态环境，维持生物多样性，防止土壤侵蚀，实现农业的可持续发展。这一理论视生态农业为一种特殊的农业生产方式，不仅追求经济效益，而且重视生态效益。

生态农业产业化理论为生态农业经济提供了理论指导。这一理论的实施，有助于推动农业生产要素的集约化，加强农业产业链的构建，促进农户参与，提升农业经济效益，同时也有助于保护农业生态环境，推动农业的可持续发展。所以，这一理论具有重要的理论价值和实践意义。

2. 生态农业技术创新理论

生态农业技术创新理论将生态农业的发展视为技术创新的过程，对生态农业的发展具有重要的指导意义。这一理论深入剖析了生态农业模式的创新、生产技术的创新以及经营机制的创新这三个方面内容。

在生态农业模式的创新方面，这个理论强调生态农业应该与自然保持和谐与交融。生态农业模式的创新并不仅仅是在农业生产方式上的改变，更是一种与自然环境和谐共存的生产理念的建立。在这个模式下，资源的配置需要复合与循环，以尽可能地减少对自然环境的影响。同时，生态农业的产品必须追求有机化与无公害，以满足人们对健康生活的需求。

在生产技术的创新方面，生产技术的创新是生态农业技术创新的重要内容。作为一种集约型农业生产方式，生态农业需要采用更高效、更节约的科技手段。例如，微生物技术就是一种新型的生产技术，它可以提高农业生产效率，减少对环境的影响。生态农业的技术创新不仅包括新技术的引入，还包括旧技术的优化和改良，以适应生态农业的生产需求。

在经营机制的创新方面，经营机制的创新也是生态农业技术创新理论的关键部分。生态农业经营机制的创新主要体现在农业生产、农产品加工与销售的整合上。这种经营机制的创新能够实现农业生产的全程管理，保证农产品的质量和安全。此外，生态农业的经营还需要具备市场化、专业化和品牌化的特点，以提升农业的竞争力。

3. 相宜理论

相宜理论指出，自然生态环境和资源与经济发展之间存在着密切关系。这种关系对农业生产尤为重要，因为农业生产深深依赖自然生态环境。然而，不同地域的自然环境条件，如数量、质量和组合，以及社会经济条件，如历史、经济条件、科技水平和发展方向，都有很大的差异。这种差异使得各地区在进行生态农业经济生产时，对劳动力的利用和科学技术的应用方法各不相同。

该理论认为，研究农业经济发展时，不能仅仅关注经济再生产的支配作用和劳动对自然生态系统的调节，也不能片面地认为可以忽视农业地域分异规律和社会经济条件而单纯由人的主观意识决定一切。这种片面的观点可能导致自然环境的破坏、劳动力的浪费和经济损失。相反，要提倡在农业经济建设中，通过全面系统的差异性研究，查明农业地域分异的规律，并根据这些规律，进行因地制宜的生态农业经济规划。这样，生态农业经济才能在良性循环中协调发展，这也是相宜理论在生态农业经济学中的重要地位和作用。

在探索和实践相宜理论的过程中，人类需要在充分尊重自然规律和社会经济条件的基础上，进行科学的生态农业经济规划。只有这样，才能避免对自然环境的过度破坏，减少劳动力的浪费，同时也能实现生态农业经济的持续、健康、协调发展。

相宜理论以其深刻的理论洞察力和实践指导价值，为生态农业经济学提供了重要的理论支持和指导。人们应充分理解和掌握相宜理论，并将其应用到生态农业经济的规划和建设中，以实现生态农业经济的持续、健康、协调发展。

4. 循环转化理论

生态农业发展的基础是依靠一些地区的自然条件资源来开发农副产品等来获得经济效益。因此生态农业的发展离不开物质循环和能量循环。

在物质循环中，生产者通过光合作用将无机物质转化为有机物质。消费者利用这些有机物质，最终通过各种生物化学反应将其还原为无机物质，返回到环境中供生产者再次吸收。这个循环过程保证了生态系统中物质的连续流动，维系了生态系统的稳定性。

能量循环则描述了能量在生态系统各组成部分之间的消耗、转移和分配。所有生物的生长和繁殖都伴随着能量的转化和物质的循环。这种能量的循环利用，使得生态系统中的生物能够得到生存和发展所需的能量。

循环转化理论提倡的是全面而充分地开发和利用生产过程中的废气和有机物质。通过多次循环利用，这些废气和有机物质不仅可以减少对环境的污染，还能实现经济增值，为生态农业经济发展创造新的动力。

循环转化理论提供了一种理论框架，帮助人们理解生态农业的运作机制和发展道路，强调了物质循环和能量循环在生态农业中的核心地位，提出了对生产废弃物进行循环利用以实现经济增值的思路，为生态农业的持续发展指明了方向。这是一种富有深度和广阔视野的理论，值得深入学习和实践。

（二）生态与经济协调发展理论

1. 临界理论

临界理论指出，每一种生态系统都具有自己的独特结构和自我调节能力，以维持其内部的稳定和平衡。然而，这种调节能力并非无限的，而是存在一个限度或者临界值。一旦生态系统中的某个部分受到的破坏超过这个临界值，生态系统的自我调节能力就无法继续发挥作用，最终可能导致生态系统的崩溃和经济系统的破坏。因此，必须保持生态系统的临界值，避免对生态系统造成过度的破坏。这种理念为人们如何进行生态农业生产，如何在保护环境和发展经济之间找到平衡提供了重要的理论指导。

在生产活动中，人类受到各种内外部因素的影响，包括生态环境、社会经济、政策法规等。因此，临界理论认为，在进行农业生产时，必须尊重和顺应生态系统的自然规律，因地制宜地进行生产开发；在不破坏生态系统内部稳定的前提下进行生产，尽量降低对生态系统的破坏；在经济发展的同时，注意保护生态环境，防止对生态系统的破坏超过其临界值。只有在生态和经济之间找到一个平衡，才能实现生态经济的综合协调发展。

2. 生态平衡理论与耗散结构理论

生态平衡理论探讨的是生物与其环境在长期适应过程中所建立的相对稳定的关系，以及生物之间的相互关系，这些共同推动生态系统达到其最佳状态。生态系统的平衡主要体现在人与自然之间保持稳定，物质循环正常运行，这种平衡关系影响着整个地区的经济发展。生态环境与经济发展的关系密切，二者之间存在多方面的联动性，其中任何一方受到破坏都将对另一方产生影响。例如，生态平衡受到破坏，可能会导致农业产出减少，灾害增多，从而增加财政支出，影响整个经济体系的稳定。

生态农业经济系统也要遵循耗散结构理论，这是由 1977 年诺贝尔化学奖获得者伊利亚·普里高津等人在布鲁塞尔提出的理论。耗散结构是指非平衡的有序结构。形成耗散结构需要一定的条件：只有在远离平衡的开放系统中，与外界进行大量的能量和物质交换，并在内部结构协调作用的情况下，才能形成一种活的、高效稳定有序的耗散结构。因此，生态农业经济系统也应遵循这个理论，通过与外界的物质和能量交换，推动系统内的新陈代谢，使整个系统从无序走向有序。这种转变可以帮助生态农业经济系统保持稳定，并促进其发展。

生态平衡理论和耗散结构理论提供了关于生态系统和经济发展如何相互影响，以及如何通过维护生态平衡来促进经济发展的重要理论指导。这些理论的理解和应用，对于实现生态和经济的协调发展具有重要的意义。

3. 协调理论

协调理论涵盖了人类在生态和经济系统中的双重角色，并指出人类是生态系统中的主要决定因素。在这种理论下，人的各种生产活动受到生态环境的约束，这种约束不是被动的，而是需要人们在生产活动中主动适应生态规律，充分利用并发展自然环境，以实现经济增长。

人的特殊地位和主观能动性使其能够对生态经济系统进行有效的调节和控制，形成一种经济和环境相互协调作用的机制。在此机制下，人们可以通过自然资源的有效开发和充分利用，实现经济增长与生态经济的协调发展。而生态经济是一个开放的复杂系统，人类作为系统中的关键因素，需要深入理解和掌握系统内部的运行规律，找到最佳的平衡点，以便在保护生态环境的同时，推动经济的发展。为此，人们必须对生态和经济进行深入的研究，不断提升对两者关系的认识，从而更好地运用协调理论来引导实践。

协调理论的提出和发展，为人们理解生态和经济如何相互影响、如何实现二者的协调发展提供了重要的理论支持。在实践中，需要持续学习，深入探索，运用协调理论引导实践，实现生态与经济的协调发展。

（三）可持续发展理论

在环境与发展的交叉领域，可持续发展理论构建了一个深远且具有包容性的框架。这个框架细化了可持续发展的定义，将其解释为一种某一区域的需求不危害和削弱其他区域达成需求的能力，同时当前的需求不对未来的需求产生威胁的发展模式。

这个定义包含两个核心概念，一是发展，二是可持续性；并强调了空间和时间尺度在决定可持续性中的重要性。其中，发展指的是一种向前的、持续的、积极的变化过程，而可持续性则强调这种发展应当在不损害地球生态系统的前提下进行。这样的发展模式尊重并保护着地球的生命支持系统，这些系统供养着人类的文明并让其得以发展。这个理念在所有层面——从个体到全球，从现在到未来，都得到了体现。

可持续发展理论考虑了发展的公平性、协调性与高效性。

关于公平性的考虑，体现在环境和资源的选择上。人类需要考虑的不仅仅是现代人之间的公平，而且还包括世代之间的公平。当代人在享受资源和环境的同时，也有责任保护这些资源和环境，使其得以延续到下一代。这种责任感基于对地球和生态系统的尊重，以及对未来世代的关怀。

协调性是可持续发展理论中另一个重要的观念，强调人类社会与自然环境之间的和谐关系。协调性贯穿在整个社会自然系统中，体现在人与自然之间的相互依存和相互影响。只有在人类与自然的和谐共生中，人类才能真正地实现可持续发展。

高效性代表了对资源使用效率的追求。在可持续发展的视角下，高效性不仅仅是生产效率的提升，更重要的是在保证生产效率的同时，保护生态环境，达到资源使用的最优化。

总体来说，可持续发展理论是一种复杂而全面的理论，尝试解答人类面临的一些最根本的问题，包括如何在满足自身需求的同时，维护地球生态系统的健康。如何在享受现代生活的便利的同时，保护未来世代的利益。这些问题的答案，需要人们在理解并运用可持续发展理论的过程中去寻找。

二、构建“双循环”新发展格局的关键

（一）打通国民经济循环

构建“双循环”新发展格局的核心，在于打通国民经济循环。这个经济循环的畅通，是以生产、分配、交换、消费这四个环节为关键，形成动力充沛、内部协调的社会再生产体系。四个环节中，生产环节是起始，消费环节是闭环，它们都影响着经济循环的流畅。

从生产的角度出发，“双循环”新发展格局对经济质量和效益提出了新的要求。在供给侧结构性改革的主线下，“提高生产供给体系质量”成为主攻方向。这一方向需要科技创新作为支撑，因此，对科技创新能力的提升成为打通“双循环”生产供给方面的突破口。科技自立自强战略与创新生态的改善共同推动了制造业的数字化改造与先进制造业的发展，从而实现“中国制造”向“中国智造”的转型。

分配环节是影响经济循环的另一个关键因素。优化生产要素分配，提高劳动报酬在初次分配中的比重，健全各种生产要素按贡献决定报酬的机制，这都是分配环节的主要任务。在数字经济背景下，新型的社会分工与劳动交换体系需要得到完善，这不仅能促进生产要素与产品的高效流通，也有助于构建畅通的中介流通环节。

交换环节的重要性不容忽视。这个环节需要构建多层次的生产要素与产品服务市场体系，以此加速生产要素与产品的高效流通。这一点尤其重要，因为它直接影响到生产供给与消费的有效对接。

消费环节是经济循环的闭环。满足扩大需求、改善民生是构建“双循环”新发展格局的出发点和落脚点。这一环节需要通过财富分配制度与政府公共民生服务体系的普惠公平化改革，来稳步提高居民收入水平，打通阻碍释放消费潜力的制度堵点。与此同时，还应使用积极的财政政策扩大有效投资，加快新型基础设施建设和国家重大战略项目实施步伐，

推进需求侧改革，为消费驱动经济增长、保持经济包容性增长奠定深厚的内需基础。

打通国民经济循环的核心在于生产、分配、交换、消费这四个环节，它们相互依存、相互影响，构成了一个统一体系。只有当这四个环节都达到一定的平衡时，才能实现“双循环”新发展格局的目标。在这个过程中，科技创新、生产要素的分配、市场体系的构建、消费潜力的释放等都是关键的影响因素。这就需要人们不断探索和实践，为构建畅通的国民经济循环体系，打造更加充满活力、均衡发展的“双循环”新发展格局。

（二）包容性绿色发展

构建“双循环”新发展格局并推动高质量发展，是实现新时代中国特色社会主义伟大事业的重大历史性战略决策。理解并实施这一决策，需要从包容性绿色发展的角度出发，提出新的发展理念，找到新的发展主体和要素。

包容性绿色发展是一种崭新的发展理念，追求经济增长、生态环境和社会公平的相协调。而这种协调，需要通过改革和优化生产方式来实现，以解决人与自然、人与人之间的矛盾和冲突。同时，包容性绿色发展也是实现社会、自然与经济三大系统协同发展，推动高质量发展的重要途径和具体形式。这一理念追求公平与效率、发展与环境的内在一致性，致力于实现社会、经济、生态的高质量同步发展。

包容性绿色发展，源自人类对环境挑战和社会公正问题的深度反思。其基础理念在于经济增长、生态环境和社会公平三者的相协调，而这种协调需要通过改革和优化生产方式来实现。包容性绿色发展追求公平与效率、发展与环境的内在一致性，力求社会、经济、生态的高质量同步发展。

在政治经济学的研究中，早在古典经济学阶段，就有人提出了对资源环境承载力与经济增长，收入分配与阶级关系等问题的深度研究。他们对如何协调各生产要素，如何保证财富的持续增长，如何实现经济的包容性增长提出了多种解决方案。如配第的“劳动是财富之父，土地是财富之母”的经典论断，马尔萨斯的“资源绝对稀缺论”，以及李嘉图的“分配理论”和“增长理论”，都提供了构建“双循环”新发展格局的理论参考。

更重要的是，马克思主义政治经济学为“双循环”新发展格局提供了重要的思想指导。马克思主义政治经济学强调了生产和消费之间的辩证关系，在此指导下，“双循环”新发展格局旨在通过国内市场的扩大和消费升级，促进国内生产的发展，实现内需与外需的平衡。

我国在经济发展过程中，已经开始了对经济协调性和包容性问题的初步探索。比如，在工业化进程中，已经注意到了农业、轻工业、重工业三大产业部门的关系问题，提出了生产力区域合理布局的理论，并在实践中取得了显著成效；同时，也提出了一系列包含可持续发展、区域经济协调发展、加快经济发展方式转变等战略，以驱动中国的包容性绿色发展。

以习近平同志为核心的党中央，坚持以人民为中心的发展思想，提出了经济新常态、“五大发展理念”、供给侧结构性改革等一系列新的经济理念，强调了“绿水青山就是金山银山”的理念，形成了绿色发展方式和生活方式。这为构建“双循环”新发展格局，提供了重要的理论指导和行动准则。

因此，构建“双循环”新发展格局，需要从包容性绿色发展的视角出发，拓展发展新思路。这既需要在理论上深化理解包容性绿色发展的内涵和要义，又需要在实践中探索和创新推进包容性绿色发展的方式和途径。这也正是当前我国经济社会发展面临的重要任务。

三、生态农业经济与“双循环”新发展格局的理论交集

（一）生态农业经济与打通国民经济循环

生态农业经济在打通国民经济循环方面发挥着关键作用。通过“双循环”新发展格局，生态农业经济可实现生产、分配、交换和消费四个环节的动态平衡，从而推动经济质量和效益的提升。

在生产环节，生态农业经济以其独特的生产方式为经济循环提供了质量和效益的保障。生态农业在保障食品安全、维护生态环境、促进农民收入等方面发挥着重要作用。其生产模式强调环保，以循环利用、资源节约、环境友好为原则，能够在提高农产品质量的同时，实现生产过程的可持续。科技创新能力在这一环节中占据重要位置，数字化改造与先进制造业的发展都是基于科技创新的推动。生态农业经济的生产模式充分利用科技创新，通过改善种植技术、种子改良、智能化农机等方式，提高了生产效率，保障了农产品质量，为经济循环提供了坚实基础。

在分配环节，生态农业经济优化了生产要素分配，推动了劳动报酬的提升。生态农业经济模式下的劳动力，不仅包括农民的传统劳动，还包括科研人员的科技创新、政策制定者的政策引导等各类劳动。在这个过程中，所有生产要素都得到了合理的分配和充分的利用，不仅提高了整体的生产效率，也改善了农民的收入状况。优化生产要素分配不仅保障了农民的利益，也为整个经济循环提供了稳定的劳动力和技术支持。

交换环节在生态农业经济中占据着重要位置。生态农业经济模式下，生产要素和产品通过各种方式进行交换，如市场交易、合同签订、合作社运营等。这种多元化的交换模式为农产品的销售、农业技术的推广等提供了广阔的空间，同时也为消费者提供了多样化的选择。在这一环节中，生态农业经济的产品和服务形成了高效的流通，提高了市场交易的效率，为消费环节提供了充足的供给。

消费环节是经济循环的闭环，也是生态农业经济发展的关键。生态农业经济以满足消费者对健康、安全、环保的食品需求为目标，通过改善产品质量、提供多样化产品，满足了消费者的需求。在满足消费需求的同时，生态农业经济也注重提高居民的收入水平，通过改善农民的生产环境，提高农产品价格等方式，释放了消费潜力，推动了消费的持续增长。

由此可见，生态农业经济在打通国民经济循环方面起到了关键作用。通过生产、分配、交换和消费四个环节的相互作用，生态农业经济实现了经济循环的动态平衡，推动了经济的持续发展。生态农业经济的这种特性，使其成为打通国民经济循环的重要力量，为构建“双循环”新发展格局提供了坚实的支持。

（二）生态农业经济与实现生产、流通和社会总生产的动态统一

生态农业经济的“双循环”构架，是从国内大循环和国际双循环的角度对农业经济进行深度探索的结构。从生产、流通和社会总生产动态统一的角度来看，生态农业经济的“双循环”并非孤立存在，它们之间有着密切的联系和影响。

在资本的直接生产过程中，生态农业的发展和产业资本的增殖有着内在关联。生态农业是资本主义生产方式在农业领域的应用和延伸，是剩余价值产生和增殖的场所。随着科技进步和生产力的提升，资本有机构成不断提高，而劳动力的可变性相对减少。在这个过程中，生态农业通过优化物质资料、劳动力和生产关系的再生产，实现了农业生产力的提升和农业生产关系的优化，同时也为产业资本的积累和再生产创造了有利条件。

在资本的流通过程中，生态农业经济的“双循环”模式为剩余价值的实现开辟了新的路径。这一模式要求在国内大循环中优化资源配置，提高生产效率，增加剩余价值。而在国际双循环中，通过开拓国际市场，

拓宽资本的流通渠道，更好地实现剩余价值。这一过程的顺利进行，依赖于生态农业产业链的完善和农产品市场的畅通。

在资本主义生产总过程中，生态农业经济的“双循环”模式对剩余价值的分配有着重要影响。这一模式鼓励通过绿色生态的农业生产方式来获取更多的利润，从而改变过度“亲资本”的分配方式，促进生产要素的公平分配。这一点在生态农业经济的“双循环”模式中表现得尤为突出。

从生产、流通和社会总生产的动态统一的角度来看，生态农业经济的“双循环”模式是一种以资源效率和环境友好性为目标的发展模式。这一模式既符合生产方式的基本规律，又体现了生态农业发展的绿色环保原则。因此，生态农业经济的“双循环”模式与实现生产、流通和社会总生产的动态统一，是相辅相成、相互促进的。

（三）生态农业经济“双循环”与包容性绿色发展

包容性绿色发展需要建立在各个领域的绿色发展之上，而生态农业经济的发展正好符合这一原则，强调的是经济活动与环境保护之间的和谐、平衡与共生，从而实现社会经济的全面、协调、可持续发展。生态农业经济的“双循环”发展模式，既是包容性绿色发展的重要实现路径，也是推动经济社会可持续发展的有效途径。

生态农业经济的发展模式以可持续性为前提，以包容性为基础，注重的是和谐共生、循环利用、平衡发展。在这个模式中，人与自然、城乡、农牧、生产与生活等多重关系都要达到一种平衡、和谐，以保障全面可持续的社会发展。这种发展模式本质上构建了一个内外“双循环”的系统，即内循环侧重于循环经济的实现，外循环则强调与外部环境的相互关系和互动。通过内外“双循环”，生态农业经济实现了资源的最大化利用和环境的最小化破坏，从而形成了包容性的绿色发展。

具体来说，生态农业经济的内循环主要体现在生产环节，通过科技创新和管理优化，实现农业资源的循环利用，减少环境污染，提高资源效率。其中包括生态农业技术的广泛应用，例如有机肥、生物肥的使用，生物防治技术的推广，节水灌溉技术的应用等。而在生产之外，农产品加工、农村旅游、乡村振兴等产业也开始通过环保、低碳的方式进行发展，这都是生态农业经济的内循环体现。

生态农业经济的外循环则是通过其与外部环境的相互作用，促进农业和农村经济的持续发展。具体来看，农业是全社会经济活动的重要组成部分，也是社会稳定和人民生活改善的基础。农业的发展直接影响着国民经济的总体表现和社会的稳定性。通过与外部环境的互动，生态农业经济能够有效地吸收外部资源，实现外部资源和内部资源的有效整合，推动包容性绿色发展。

从这个角度来看，生态农业经济的“双循环”与包容性绿色发展直接相关，发展生态农业经济就是从包容性绿色发展中去拓展发展新思路。通过内外“双循环”，不仅可以实现农业生产的绿色化、生态化，也能推动农村经济的绿色转型，为社会经济发展提供强大的绿色动力。

第二节 “双循环”格局与生态农业经济的契合点

一、农业是“双循环”的起点

农业在国民经济中的重要性不可忽视。作为经济生活的基础，农业满足人类的基本生存需求，提供食品和原材料。无论经济如何发展和变化，食品的需求总是存在的。这是一个无法改变的事实。但农业是社会经济生活的基础，不仅因为它提供生存所需的食品和原材料，还因为它为国民经济的发展提供了基础和动力。农业生产的剩余不仅可以满足其他部门的原材料需求，还可以提供必要的投资，这对于经济的持续发展至关重要。在经济的“双循环”过程中，农业一直在发挥着关键的作用。

随着经济的发展，农业的角色也在发生变化。农业不再仅仅是生产食品和原材料的部门，而是逐渐成为一个多功能的产业。除了提供食品和原材料外，农业还如同一个重要的“就业创造者”，为农村地区提供了广泛的就业机会。农业的发展还能够促进农村经济的增长，推动农村地区的现代化进程。农业还扮演着维护环境和生态平衡的角色——通过生态农业和可持续农业的实践，促进土地保护、水资源管理和生物多样性的保护。此外，农业还可以为农民增加收入来源，改善农民的生活水平，促进社会的稳定和和谐发展。

随着科技的进步，农业生产过程中的信息化、数字化和网络化得到了广泛应用，农业正在朝着智能化、精细化的方向发展。农业技术的进步使得生产更加高效和可持续，也提高了农产品的质量和安全标准。农业生产中的创新技术和管理方法为农民提供了更多的选择和机会。例如，农业物联网技术的应用可以实现精确施肥、智能灌溉和动态监测，提高农业生产的效率和产量。基于大数据和人工智能的农业管理系统可以实现农业生产的精细化管理，提供个性化的农业服务。这些新技术的应用为农业带来了新的发展机遇，提高了农业的竞争力，为农民创造了更多的收益和就业机会。

农业不仅是农村经济的支柱，也是城市经济的重要支撑。农业在国家的地理分布上具有广泛性，农村地区是农业的主要发展区域。农业发展能够带动农村经济的发展，提高农民的收入水平，改善农村的基础设施和公共服务水平。同时，农业也为城市提供了大量的劳动力资源，促进了城市的发展和城市化进程。农产品的销售和农业服务的需求为城市经济提供了新的增长点，促进了城市和农村之间的互动和合作。农业的发展对于维护社会稳定、促进区域均衡发展具有重要意义。

由此可见，农业作为“双循环”的起点，在国民经济中具有不可替代的重要性。农业不仅满足人类的基本生存需求，而且为其他产业的发展提供了基础和动力。随着科技的进步和创新的推动，农业正朝着智能化、精细化和可持续化的方向发展，为经济的创新与变革注入新的活力。农业的发展还能够促进区域的均衡发展，改善农村地区的经济和社会条件，促进城乡之间的互动和合作。无论在过去、现在还是未来，农业都将在经济循环中发挥不可替代的重要作用。

二、农业是“双循环”的薄弱环节

在我国的“双循环”新发展格局中，农业不仅是“双循环”的起点，也是国民经济的基础环节。然而，与其他产业相比，农业往往是循环经济中的薄弱环节，面临许多挑战。

首先，农业的资源禀赋存在较大限制。尽管我国拥有广阔的土地面积，但实际可利用的农业资源却有限。耕地面积有限且持续减少，土地质量的参差不齐和水资源的短缺也给农业生产带来了压力。随着人口的增加和城市化的推进，土地资源供给越来越紧张，这对农业发展带来了挑战。尽管科技的进步和创新可以在一定程度上改善资源短缺的情况，但资源禀赋仍然是限制农业发展的重要因素。

其次，农业的周期性和高风险性也是农业成为薄弱环节的重要原因。农业生产容易受到天气、疫病等自然条件的影响，这使得农业的收益波动性较大。例如，干旱、洪涝等会对农作物产量和质量造成严重影响，给农民收入造成损失。此外，农产品的需求端存在低收入弹性的问题，即人们的食品消费并不会因为收入的增加而大幅度增加，这使得农业的收益增长空间受到限制。相反，由于农业市场波动性较大，农民经常面临着价格波动带来的风险。

最后，农业相对于其他产业而言，在现代产业体系中具有低效性。这主要受农业的生产方式和农村的社会结构等方面的影响。传统农业生产往往需要大量的劳动力投入，而且农业生产的规模效应较低，这导致农业的生产效率相对较低。同时，由于农村社会结构的限制，农业的发展往往需要政府的保护和补贴，这也给农业的竞争力和效率提升带来了一定的压力。

然而，作为循环经济中的薄弱环节，农业的地位并不意味着可以被忽视。相反，为了构建一个更为均衡的循环经济体系，政府需要更加重视农业的发展，努力解决农业面临的问题，提升农业的效率，保障农业的利益。而这也需要全社会的共同努力，特别是政策制定者、农业从业者、科研人员等直接参与者。

三、生态农业经济以内循环为主体战略的基础

在构建以内循环为主体的新发展格局中，农业的稳定与发达被视为实现这一战略的基础和先决条件。其重要性不仅体现在“满足物质需求”的社会功能，也体现在“维护国家安全和社会稳定”的功能方面。在这个过程中，生态农业经济有其独特的作用和地位。

一方面，农业是满足人们基本生活需求的产业。在这一点上，农业必须能向社会提供足够质量和数量且品种齐全的农产品。这是一个直接的物质需求，而满足这一需求是农业的基本功能。即使资源受限，部分品种的农产品需要依赖进口，但关于重要粮食产品，国内供给能力必须达到一定的标准。这样，才能为以内循环为主体的发展格局提供条件，也直接使得农业成为社会经济生活的基础。

另一方面，农业的重要性不仅在于生产农产品，还在于维护国家安全和社会稳定。其中，粮食安全是国家安全的重要组成部分，可以说，解决 14 亿人口的“吃饭”问题，更有助于国家制定的发展战略的实施。这一点在全球化背景下尤为重要，因为在全球市场中，食品的供给链往往受到多种因素的影响，这就需要农业有能力保证国内的食品供给。

从上述两个角度可以看出，农业在以内循环为主体的新发展格局中，有其特殊的地位和作用。这就需要在农业发展中，注重提升农业的自给能力，提高农产品的质量和数量，保证食品的安全；同时，也需要注重

农业的可持续性，维护生态环境的稳定，为社会经济的长期发展提供基础。

在这个过程中，生态农业经济发挥着重要的作用。生态农业经济强调的是在保证农业生产的同时，注重生态环境的保护和恢复，促进农业生产与生态环境的协调发展。这样的农业经济模式不仅可以满足人们的物质需求，而且能够维护生态环境的稳定，为农业的长期发展提供持续的生产条件。生态农业经济注重生态系统的保护和修复，通过合理的农业管理和生态恢复措施，实现生态与经济的和谐共生。这种模式可以有效减少农业生产对环境的负面影响，提高资源利用效率，降低农业生产的碳排放和水污染，促进生态环境的恢复和改善。

因此，稳定、发达的农业是实现以内循环为主体战略的基础和先决条件，而生态农业经济则为这个战略提供了可持续的发展模式。这体现了农业在新发展格局中的重要地位和作用，也是实现新发展格局的关键要素。通过加强农业的自给能力，保证食品供给的安全性，推动生态农业经济的发展，我国方能实现农业的稳定发展，推动内循环经济的形成和健康发展，从而构建富有活力和可持续发展的现代化国家。

四、生态农业经济为内循环创造新动能

生态农业经济在为内循环创造新动能方面发挥了至关重要的作用，这主要体现在两个方面：一是提供就业和增加收入，为需求端赋能；二是衍生新的社会需求，为供给端注入新活力。

（一）需求端

生态农业经济在提供就业和增加收入方面具有显著优势。农业部门不仅向社会供给农产品，同时也承担着为农村人口提供就业机会和增加收入的重要责任。农业作为农村经济的基础和主体，农村人口的生活收入主要依赖于农业和相关农业产业。农业发展的加快不仅能够向社会提

供更加丰富、多样化的农产品，还能够显著提高农村人口的收入水平，增强农村市场的消费能力。

研究表明，农产业的发展对于农村贫困人口的减贫效应最为显著。通过加强农业产业链的整合和优化，农业发展能够为农村人口提供更多的就业机会和创业机会，帮助他们实现增收致富。例如，发展农产品加工业、农业旅游业、农村电商等新兴产业，为农民提供更多的就业选择和创业机会，进一步增加农村人口的收入来源。此外，农业发展也能够带动相关服务业的兴起，如物流、餐饮、旅游等，为农村地区创造更多就业机会，促进农村经济的多元化发展。

农业发展的加快还能够提升农村市场的消费能力，推动内循环的持续健康发展。随着农村居民收入的增加和消费观念的转变，农村市场的消费需求日益增长。农业发展不仅能够满足人们对基本农产品的需求，还能够满足消费者对高品质、安全、绿色农产品的需求。通过提供多样化的产品选择和优质的服务，农业发展能够促进农村市场的繁荣，激发内需潜力，推动内循环经济的持续发展。

因此，生态农业经济作为农业发展的重要方向，在提供就业和增加收入方面发挥着至关重要的作用。通过加强农业产业链的发展，创造更多的就业机会和创业机会，提升农村人口的收入水平，推动农村市场的消费能力，生态农业经济为内循环创造了新的动能，助力内循环经济的持续健康发展。

（二）供给端

生态农业经济通过满足新的社会需求，为内循环注入新活力。农业除了生产农产品，还具有生态保护、环境美化、文化传承等功能。这些功能会衍生出诸多新的社会需求，如有机食品、乡村旅游、田园教育等。这些需求为农业创造了新的增长点，推动农业产业的多元化、高质量发展。

有机食品作为生态农业的重要产物，满足了人们对健康生活的追求。随着人们对食品安全和健康的关注日益增长，有机食品的需求逐渐上升。有机农业采用无化学农药、无化肥的种植方式，注重生态环境的保护，提供了更加安全、营养更为丰富的食品选择。有机食品的生产和销售不仅为农民增加了收入，也促进了农业可持续发展，为内循环提供了新的增长点。

乡村旅游是农业产业多元化发展的重要方向之一。随着城市化进程的推进，人们对乡村风貌和自然环境的向往日益增强。乡村旅游通过开发农家乐、乡村度假村、观光农园等旅游项目，吸引了大量的游客前往乡村地区游览、体验农业生产和农村生活。这为农村地区带来了新的经济收入，提高了农民的生活水平，并推动了乡村地区的发展。同时，乡村旅游也提升了农业产业的附加值，促进了农产品加工、农副产品销售等相关产业的发展。

田园教育是一种注重农业文化传承和农村生活体验的教育形式：通过带领学生参观农田、参与农业生产活动，让他们亲身感受农村的生活和知晓农业的重要性，增强对农业文化的了解和尊重。田园教育不仅提供了一种新的教育方式，培养了学生的实践能力和创新意识，同时也为农业发展注入了新的活力。学生的参与和关注促进了农业技术创新和农产品的研发，推动了农业产业的升级和发展。

生态农业经济通过满足人们对有机食品、乡村旅游、田园教育等方面的新增社会需求，为内循环注入了新的活力。这不仅推动了农业的发展，提升了农民的收入和生活水平，也促进了农村地区的经济繁荣和社会稳定。同时，生态农业经济的发展还进一步推动了农业产业的多元化和高质量发展，为内循环提供了可持续的动能。

第三节 “双循环”格局下生态农业经济的可持续发展

一、产品循环是现实目标

在现代经济系统中，农业贸易的往来已经成为全球范围内的常态。在我国的“双循环”格局下，农业经济发展需要同时满足从外部引进所需资源和向外部市场出口产品的双重需要。这种内外循环的动态平衡有赖于精准的政策导向、科技进步和市场机制的有序运行。

我国的农业产能尽管已经在大幅度提高，但由于自然资源的有限性和技术水平的限制，无法满足全民对各类农产品的需求。特别是随着居民收入的增长和生活品质的提升，市场对于农产品的多样化需求更是日益凸显。因此，选择从国际市场引进部分农产品是我国农业发展的必然趋势。通过引进外部资源，我们可以弥补国内供给的不足，满足消费者对多样化农产品的需求，同时扩大消费者的选择范围，提升消费者福利。

与此同时，我国也需要通过外部市场的出口来平衡贸易的双向流动。对于我国的农业经济来说，这一过程不仅是一个经济行为，更是一个质量提升和国际竞争力增强的过程。通过出口的方式，我国的优质农产品有机会走向世界，提升国际影响力，同时也为国内农业经济提供了更广阔的发展空间和更多的发展机遇。

在这样的内外循环格局下，我国的农业经济不仅需要内部的稳健发展，也需要充分利用外部资源，以实现全面的发展和进步。而在这个过程中，生态农业经济的可持续发展就显得尤为重要。生态农业经济强调在保障食品安全和食品质量的基础上，实现生态环境的良性循环和农业经济的可持续发展。它旨在最大程度上利用和保存自然资源，减少污染，提高资源使用效率，提高生产效率，提高农产品的质量和生产效率。

当深入考虑“双循环”新格局下生态农业经济的持续发展时，就无法回避一个现实目标——产品循环。生态农业经济不仅是生产和消费的循环，更重要的是产品的全生命周期循环。产品循环涉及的不仅是农业产品的生产、消费和销售，还包括产品的废弃和回收，甚至是产品的再利用和再生产。这是一个以生态和环保为出发点的全新经济模式，它旨在最大程度上利用和保存自然资源，减少污染，提高资源使用效率，提高生产效率，提高农产品的质量和生产效率。

在全球化的背景下，产品的流动已经不再局限于国内市场。频繁的国际贸易使得农业产品可以跨越国界，到达全球各地。这不仅提高了农业产品的市场份额，也增强了农业经济的活力和竞争力。然而，随着全球农业市场的不断变化和调整，以及消费者对农产品质量、安全、环保等要求的不断提高，我国的农业产品在国际市场上的竞争力仍面临着严峻的挑战。

我国在全球农业市场上的位置依靠于其在农业生产和销售中的能力和技术。而我国农业产品的供给能力也需要在满足国内需求的同时，满足国际市场的需求。这需要我国的农业生产技术和农业产品质量得到持续提高，同时也需要我国的农业产品在国际市场上具有竞争力。这样才能在“双循环”新格局下实现农业经济的持续发展。

我国的生态农业经济依靠于国内外的产品循环，这是其发展的现实目标。内部循环依靠于农产品的生产和消费，而外部循环依靠于农产品的出口和进口。通过优化农产品的产销结构，加强农业生产技术的研发和推广，提高农业产品的质量和安全性，我国的生态农业经济可以在“双循环”新格局下实现可持续发展。这一目标的实现将为农业经济注入新的活力，促进农业的高质量发展，同时也推动我国农业产品在国际市场上的竞争力提升，为内外循环的良性互动提供坚实的基础。

二、资金循环是现代化抓手

在当前的"双循环"新格局下，生态农业经济的可持续发展必须考虑到一个重要的现代化因素——资金循环。资金循环是指资金在不同的经济主体、经济部门和经济活动之间的流通和循环。在农业经济中，资金循环是农业生产、经营、流通、消费等多个环节的资金流动，是农业经济活动的生命线。

近年来，全球化进程中，国际资本的流动对农业经济产生了深远影响。国际农业企业进入中国市场，引入先进技术、新业态、新模式，极大提高了农业现代化水平和农产品供应能力，强化了农业发展韧性。在此背景下，对外直接投资（ODI）和利用外商直接投资（FDI）的重要性日益凸显。然而，近十年我国农业领域FDI有下滑趋势。而ODI净额增速却较快，这表明，随着我国资本要素的丰富，农业资本循环模式发生变化，从以引进外资为主转向以对外投资为主。这种转变是必然的，随着国内农业现代化水平的提高，中国农业对外资的依赖度在逐步降低。

通过对外投资，中国农业企业有望在全球范围内配置资源，投资农业产业链的高端环节，如加工、物流、科技研发、商标注册、体系认证、国际品牌收购等。这样的投资可以强化农业产业链的薄弱环节，推动农业产业转型升级，利用外部资本循环赋能内部循环。

在当前的"双循环"新格局下，生态农业经济的可持续发展必须考虑到资金循环的各个方面，包括资金的流动、配置、投资和利用等。资金循环对于农业经济的现代化和竞争力的提升具有重要意义。

资金的流动是资金循环的基础。在农业经济中，资金需要在农业生产、经营、流通和消费等环节之间进行流动，以支持各个环节的正常运转。例如，农业生产需要资金用于种子、农药、肥料、农机具等的购买，农产品的流通需要资金用于包装、运输、仓储等的费用支付。资金的流动不仅仅是单向的支出，还需要回流到农业经济中，为农民提供收入来源和创造就业机会。

资金的配置是资金循环的关键。在农业经济中，合理的资金配置可以提高农业生产的效率和质量，促进农产品的市场化和产业链的升级。资金的配置可以用于引进先进的农业技术和设备，提升农产品的质量和竞争力。同时，资金的配置还可以支持农业企业的创新和研发，推动农业科技进步和农产品的附加值提升。因此，政府和金融机构应该加强对农业资金的指导和引导，为农业企业提供优惠的融资条件和贷款支持，鼓励农业投资和创新。

资金的投资也是资金循环的重要方面。对农业产业链的投资，可以加强农产品的加工、包装、运输和营销等环节，提升农产品的附加值和市场竞争力。同时，资金的投资还可以支持农业产业的多元化和特色化发展，鼓励农业企业开展有机农业、特色农业和休闲农业等新业态。这些投资可以带动农村地区的经济发展和就业增加，促进农村经济的繁荣和农民收入的提高。

资金的利用也是资金循环的重要环节。农业企业和农民应该善于利用资金，开展有利于农业发展和农产品质量提升的活动。例如，农民可以利用资金改善种植条件，引进高效农机具，提高农业生产效率。农业企业可以利用资金进行市场推广和品牌建设，提升产品的知名度和市场份额。同时，政府和金融机构也应该加强对资金利用情况的监督和评估，确保资金得到有效利用和回报。

三、技术循环是重点内容

在“双循环”新发展格局下，技术循环被视为生态农业经济可持续发展的重点内容。引进先进技术、促进国际人才交流和加强自主创新能力的措施，可以提高农业的生产效率和质量，提升农产品的附加值和市场竞争力，促进农业产业链的协同发展和优化升级，推动农业科技创新和人才培养。这将为我国农业实现现代化和可持续发展提供有力支撑。

在过去几年中，我国已经在引进国外技术和促进国际人才交流方面做出了许多努力。这些先进的技术对农业效益和生态环境保护有着显著的提升作用。根据农业农村部公布的数据，2022 年全国农业科技进步贡献率达到 62.4%，这表明我国农业已经在积极向先进技术转型，而这一转型过程正是技术循环的核心内容。

技术循环在推动农业发展中具有重要意义。首先，技术循环可以提高农业的生产效率和质量。通过引进和创新先进的农业技术，包括精准农业、物联网技术、遥感技术等，农业生产可以更加精细化和高效化。精准农业技术可以实现农田精准管理、水肥一体化、病虫害监测与防控等，从而提高土地利用率和作物产量，降低资源浪费和环境污染。这些技术的应用促进了农业向高效、绿色和可持续发展的方向迈进。

其次，技术循环有助于提升农产品的附加值和市场竞争力。农产品的附加值主要体现在产品的加工、包装、运输和销售等环节。通过引进先进的农产品加工技术，可以实现农产品的深加工和精细化生产，生产出更多高附加值的农产品。同时，技术循环也可以改善农产品的质量和安全标准，提高产品的品牌形象和信誉度，进一步拓展市场空间和提升农产品的附加值。这对于农业的可持续发展和农民收入的增加具有重要意义。

再次，技术循环可以促进农业产业链的协同发展和优化升级。农业产业链是一个复杂的价值链，涵盖了农业生产、加工、流通、销售等多个环节。通过技术循环，不同环节之间的信息流、物流和资金流可以实现更好的协同和优化。这有助于实现农业产业链的高效运转和资源优化配置。同时，技术循环还可以促进不同产业链之间的融合与创新，推动农业向农业加农村经济、农业加制造业等产业链的延伸，实现农业产业的升级和农村经济的多元化发展。

最后，技术循环对于推动农业科技创新和人才培养也具有重要作用。通过技术循环，我们不仅可以引进国外的先进技术，还可以培养和提升自主创新能力。这有助于激发科研机构和企业的创新潜力，推动科技成果向农业领域的转化和应用。同时，技术循环也需要培养具备国际视野和创新能力的人才，通过国际人才交流和合作，吸收国际先进的农业科技理念和管理经验，为我国农业的可持续发展提供智力支持和人才保障。

然而，尽管我国在技术循环方面取得了一些成果，但仍然存在技术自主权受限的情况，如种质资源和农产品深加工等方面。这也是我国农业发展过程中所存在的问题。为了解决这些问题，我国必须加强农业科技自主创新能力，突破关键技术的瓶颈，彻底改变核心技术深度依赖进口的现状。只有实现农业技术上的“以内循环为主”，才能确保农业的可持续发展。

四、内外循环联动是最终结果

我国的农业发展具有三重目标：保障粮食安全、满足食物需求和维持小农生计。生态农业的可持续发展也要既能保证这三重目标实现，又符合“双循环”战略发展要求。因此，生态农业内循环应以保障粮食安全为主，外循环以改善食物供给为主，内外循环联动保障可持续发展。

在“双循环”格局下，内循环以保障粮食安全为主，因为国家粮食安全是农业发展的根本任务，也是国家稳定和人民生活的基础。为了实现粮食安全，我国的生态农业发展必须以内循环为主，充分利用本国的资源和技术来生产足够供应国内消费的粮食。

判断一个国家的粮食安全与否，关键在于其农业的可持续生产能力和生态农业发展状况。其中可持续生产能力取决于两个关键因素：自然资源储备和生产技术水平。只有在利用本国的资源和技术的情况下，才能真正实现国内消费的粮食供应，从而确保粮食安全。

为了保障粮食安全，首先需要确保有限的生态农业资源优先用于粮食生产。我国面临人多地少的特殊要素禀赋，农户从种粮中获得的利润相对较低。然而，从国家安全的角度考虑，生态农业发展不能仅按照比较优势理论来配置资源，而应优先满足国内口粮和谷物的需求。通过科学合理地规划和管理资源，提高土地的利用效率，合理利用水资源，减少资源浪费和环境污染，可以增加粮食产量和提高粮食质量，从而实现国家粮食安全的保障。

为了实现内循环的保障粮食安全目标，必须尽快突破关键生态农业技术上的垄断。尽管我国粮食产量持续增长，但关键环节仍然需要国外技术的支持，这对国家粮食安全是具有一定隐患的。因此必须尽快突破技术上的瓶颈，摆脱对国外资源的依赖，加大对生态农业关键技术的自主研发和创新，真正实现依靠内循环来保障粮食安全。

在“双循环”格局下，外循环以改善食物供给为主。我国的生态农业资源禀赋决定了无法完全依靠国内生产来满足人民对农产品的需求。为了在保证国家粮食安全的基础上，进一步丰富社会食品供给，我国的生态农业必须在外循环中寻求策略。

然而这不意味着采取放任不管的态度来处理外循环。首先，进口应该是适度的。通过肉类、水果等农产品的进口，可以快速填补国内需求缺口。但是，如果缺乏规划和策略，很容易出现大国效应，抬高国际市场农产品价格，影响国际形象，同时也对国内生产者造成冲击。因此，必须合理控制进口规模，避免对国内农产品产业链造成不良影响。同时，进口来源应多元化。过于依赖单一的进口来源容易受到他国的制约，给我国的食物供给安全带来潜在风险。因此，应该积极拓展多元化的进口渠道和合作伙伴，降低对特定国家或地区的依赖程度，确保食物供给的可靠性和稳定性。

尽管通过外循环可以减少国内农产品的产量，但是要保持适度的生产能力。当前世界面临百年未有之大变局，国际关系和贸易面临前所未有的挑战。我国可以相应降低非粮作物的生产优先级，但仍需要保持适度的生产能力，特别是要掌握关键的生产技术，加强对生态农业供应链的掌控。只有这样，才能在更高水平上实现粮食安全和国家安全。

在“双循环”格局下，内外循环相互促进，是实现生态农业经济可持续发展的最终结果。内循环和外循环相互联动、相互促进，实现内外循环的协调发展，最终推动生态农业经济的可持续发展。内循环提供了基础和支撑，通过科学合理的资源配置和技术创新，增加粮食产量和提高质量，为外循环提供可靠的农产品供给。而外循环的发展又赋能内循环，通过引进适度的进口和多元化的进口来源，满足国内农产品需求的同时，促进内循环的升级和提升，增强生态农业系统的韧性和适应能力。

为了实现内外循环的联动，还需要在创新发展、数字技术和良好营商环境方面做出努力。创新发展成为连接内外循环的桥梁，通过技术创新推动内外循环的交流与合作。数字技术的发展可以促进内外循环的流动和互动，提升生态农业内外循环的协调与效率。良好的营商环境是企业生存的基础，构建良好的营商环境可以吸引国内外企业投资，提升内循环和外循环的能力。

第三章　生态农业产业发展

第一节　生态农业模式创新

绿色生态高效农业是国家政策扶持的重点。农业农村部曾向全国征集到了 370 种生态农业模式，然后把其中十大类型生态模式作为农业农村部的重点任务加以推广。

一、北方“四位一体”生态模式

北方“四位一体”生态模式是在自然调控与人工调控相结合的条件下，通过科学的配置和有效的利用，实现能流、物流良性循环，从而高效地利用资源，产生显著的综合效益。

“四位一体”指可再生能源（沼气、太阳能）、保护地栽培（大棚蔬菜）、日光温室养猪及厕所共四个核心组成部分。这四个部分相互配合，相互支持，形成了一个完整的、高效的农业生态系统。

沼气和太阳能作为可再生能源，为整个生态系统提供了稳定的能源支持。其中，沼气是通过将农场产生的有机废弃物（如动物粪便、废弃作物）进行厌氧发酵产生的，不仅能提供稳定的能源，还能将有机废弃物有效地转化为肥料，起到了资源循环利用的作用。太阳能则是通过太阳能光伏系统或太阳能热水系统等方式收集和转化的，为农场提供了清洁、环保的能源。保护地栽培是指在大棚内种植蔬菜。利用大棚可以抵御不良气候条件，确保蔬菜的生长，同时还能利用太阳能和沼气产生的热量，提高大棚内的温度，使得蔬菜在冬季也能正常生长。日光温室养猪是指在温室内饲养猪。温室可以利用太阳能进行加热，保证猪的生长环境，同时猪的粪便可以用来产生沼气，形成资源循环。厕所的作用主要是收集人类的排泄物，作为沼气的原料，同时还能通过厕所的设计，节省水资源，实现资源的循环利用。

“四位一体”生态模式是基于生态学、生物学、经济学、系统工程学等多学科原理，以土地资源为基础，以太阳能为动力，以沼气为纽带，进行综合开发利用的种养生态模式。通过生物转换技术，在同一地块土地上将节能日光温室、沼气池、畜禽舍、蔬菜生产等有机地结合在一起，形成产气与积肥同步，种养并举，能源、物流良性循环的能源生态系统工程。这一模式充分利用了秸秆资源，变废为宝，成为解决环境污染的最佳方式，并兼有提供能源与肥料，改善生态环境等综合效益。

北方的“四位一体”生态模式一般运用于辽宁省等北方地区。这一模式改变了传统农业生产的方式，提高了农业生产效率，提升了农业产品的质量，减少了对环境的污染，具有广阔的发展前景，为促进高产高效的优质农业和无公害绿色食品生产开创了一条有效的途径。

二、南方“猪—沼—果”生态模式

南方“猪—沼—果”生态模式是一个高效的、综合利用农业资源的生态农业模式。它的基本理念是利用沼气这个纽带，将畜牧业、林果业等相关农业产业有机地连接在一起，实现农业资源的高效利用和生态环境建设，提高农产品质量，增加农民收入。

“猪—沼—果”是指生猪养殖、沼气生产和果园种植这三个主要部分。这三个部分相互依赖，相互促进，形成了一个完整的、良性循环的农业生态系统。其中，生猪养殖是该模式的重要组成部分。猪的粪便和尿液可以作为沼气池的重要原料，用来产生沼气。同时，养殖猪也能产生经济效益，为农户带来收入。沼气是该模式的核心。沼气不仅可以作为燃料，为农户提供能源，而且在沼气的产生过程中，还可以产生沼渣和沼液。沼渣和沼液都是优质的肥料，可以将其施用在果园，提高果树的产量和质量。果园种植是该模式的另一个重要组成部分。果树可以吸收沼渣和沼液中的养分，更好地生长和结果，同时，果树还可以提供阴凉的环境，有利于猪的生长。

"猪—沼—果"生态模式的实施需要根据地理条件，采用"沼气池、猪舍、厕所"三结合工程，围绕主导产业，因地制宜开展"三沼（沼气、沼渣、沼液）"综合利用。而果园（或蔬菜、鱼池等）的面积、生猪养殖的规模、沼气池的容积都需要合理的组合，才能发挥出最大的作用。

在我国南方，这种模式已经得到了大规模的推广，如江西省的赣南地区。这种模式充分利用了农业资源，提高了农业生产的效率，改善了农业生态环境，提高了农产品的质量，增加了农民的收入，带动了地区的农业经济发展。"猪—沼—果"生态模式的实施，对推动中国南方的农业现代化，改善农村生态环境，提高农民生活水平，都起到了积极的推动作用。此外，该模式还积极应对了中国农业面临的环境污染和资源浪费的问题，为我国农业的可持续发展提供了一种新的路径。

三、草地生态恢复与持续利用模式

草地生态恢复与持续利用模式遵循植被分布的自然规律，根据草地生态系统物质循环和能量流动的基本原理，运用现代草地管理、保护和利用技术，实现草地的可持续利用。该模式包括在牧区实施减牧还草，在农牧交错带实施退耕还草，在南方草山草坡区实施种草养畜，在潜在沙漠化地区实施以种草为主的综合治理。这种模式的目标是恢复草地植被，提高草地生产力，遏制沙漠东进，改善生存、生活、生态和生产环境，增加农牧民收入，使草地畜牧业得到可持续发展。

草地生态恢复与持续利用模式还可以细分为牧区减牧还草模式、农牧交错带退耕还草模式、南方山区种草养畜模式、沙漠化土地综合防治模式，以及牧草产业化开发模式。牧区减牧还草模式指在过度放牧的地区，减少牲畜数量，改变传统的游牧方式，实施定点、定量、定期的有序放牧，以达到草地生态恢复的目的。农牧交错带退耕还草模式指在农牧交错带，按照地形、水源、土壤条件和气候条件，采取适当的退耕还草措施，恢复草地，增加草地面积，改善草地生态环境。南方山区种草养畜模式指在南方山区，通过人工种植优质牧草，发展牧草生产，结合养畜，形成种草养畜的循环经济模式，增加农户收入，提高生态效益。沙漠化土地综合防治模式指在潜在沙漠化地区，通过种植耐盐耐旱的牧草和树种，进行固沙、防风、保水、肥土，实现沙地的生态恢复和可持续利用。牧草产业化开发模式指通过科技进步和产业化经营，推动牧草产业的发展，提高草地的经济效益，同时也有助于保护和改善草地生态环境。

草地生态恢复与持续利用模式的实施，不仅可以提高草地生产力，改善生态环境，还能够增加农牧民收入，提高农牧民生活水平，对推动我国草地畜牧业的可持续发展，具有重要的实践意义和理论价值。

四、农林牧复合生态模式

农林牧复合生态模式是一个综合的生产模式，以土地资源为基础，借助接口技术或资源在时空上的互补性，形成了农业、林业和畜牧业的复合生产模式。其中，接口技术是指联结不同产业或不同组分之间物质循环与能量转换的连接技术。例如，种植业为养殖业提供饲料饲草，养殖业为种植业提供有机肥，其中利用秸秆转化饲料技术、利用粪便发酵和有机肥生产技术均属接口技术，是平原农牧业持续发展的关键技术。

农林牧复合生态模式包括“粮饲—猪—沼—肥”生态模式、“林果—粮经”立体生态模式，以及“林果—畜禽”复合生态模式。“粮饲—猪—沼—肥”生态模式是一种以农田生产粮食和饲料，供给养猪业，而养猪业产生的粪便经过沼气池发酵，既可以产生沼气作为能源，也可以产生有机肥料，返回农田，提高农田土壤肥力。“林果—粮经”立体生态模式是一种立体农业生产模式，林果作为主产业，种植在土地的上层，而下层则种植粮食作物或经济作物，形成立体利用空间，提高土地利用效率。“林果—畜禽”复合生态模式是一种将林业和畜牧业相结合的生产模式，林果产业为畜禽业提供优质饲料，而畜禽业的粪便则可以作为有机肥，用于提高林地土壤肥力。

农林牧复合生态模式的实施，不仅有利于提高农业生产效率，提高农民收入，同时也有助于改善农业生态环境，实现农业生产的可持续发展。特别是在我国的平原农区，这种模式的推广，对于我国的食物安全和农业自身的生态环境保护具有重要意义。

总之，农林牧复合生态模式是一种具有生态效益、经济效益和社会效益的农业生产模式，是现代农业发展的方向之一，也是实现农业绿色发展、提高农民生活质量、保护生态环境的重要途径。实践证明，这种模式在我国的广大农区得到推广和应用，对于推动我国农业的可持续发展，保障我国食物安全和农业生态环境，具有重要的现实意义和长远价值。

五、生态种植模式

生态种植模式是一个以生态学原理为指导，以持续提高农作物产量和品质为目标，以高效利用自然资源和保护生态环境为手段的农作物生产方式。这种模式强调在单位面积土地上，根据不同作物的生长发育规律，采用间、套等种植方式，合理充分地利用光、热、水、肥、气等自然资源、生物资源和人类生产技能，从而提高农作物的产量和经济效益，同时保护和改善农田生态环境。

生态种植模式包括多种形式，如混种、间种、轮种、套种等。这些种植方式都能通过改变作物的种植模式和种植密度，使得各种作物之间能够更好地协同利用自然资源，从而提高单位面积的产量和产值。

混种是将两种或两种以上的作物种子混合在一起，然后在同一块土地上播种，使各种作物在同一生长期内共同生长。这种方式能够充分利用土地资源，提高土地的利用效率和作物的产量。间种是在一块土地上，按照一定的比例和距离，交错种植两种或两种以上的作物。这种方式能够根据不同作物的生长习性和对环境条件的适应性，有效地利用土地、光照和水分资源。轮种是指在同一块土地上，每年或每几年更换一次种植作物。这种方式能够防止土壤中某些有害物质的积累，减少病虫害的发生，同时能够充分利用不同作物对肥料的需求差异，提高肥料的利用效率。套种是在主作物之间种植次作物的种植方式。这种方式可以有效利用土地资源，提高土地的利用效率，同时也可以通过次作物的生长，改善土壤结构，提高土壤肥力。

生态种植模式不仅能够提高农作物的产量和品质，同时也能够保护和改善农田生态环境，还为农民带来经济效益。由于生态种植模式能够充分利用土地、光照、水分和肥料等自然资源，因此能够减少对化肥和农药的依赖，降低农业生产对环境的负面影响。合理的种植模式，可以改善土壤结构，提高土壤肥力，从而提高土地的持久生产能力。此外，生态种植模式能够提高单位面积的产量和产值，减少化肥和农药的使用，因此可以降低农民的生产成本，提高农产品的品质，从而使农产品在市场上具有更高的价值，提升农民的收入。

在当前全球面临环境问题和食物安全问题的背景下，生态种植模式为实现农业生产的可持续发展提供了有效的方法。随着科技的发展和人们对生态环境保护意识的提高，生态种植模式的推广和应用将得到更广泛的关注和重视。

六、生态畜牧业生产模式

生态畜牧业生产模式是一个融合了生态学、生态经济学、系统工程和清洁生产思想的现代化养殖方式。这种模式的目标是在保护环境、实现资源永续利用的同时，生产出优质的畜牧产品。在生态畜牧业生产模式中，清洁生产和生态循环是其重要的组成部分。在整个养殖过程中，都要注重生态学和生态经济学的原理，充分利用清洁生产技术，保证农畜产品的优质和安全。

生态畜牧业生产模式的组成部分包括饲料基地和饲料生产、养殖与生物环境建设，以及废弃物综合利用及畜牧业粪便循环利用。首先，生态畜牧业重视饲料的自然和生态属性，以降低对环境的影响，并提供健康、优质的饲料。在生产饲料的过程中，需遵循生态原则，减少化学合成肥料和农药的使用，优先使用有机肥，尽可能实现饲料生产的自然化、生态化。其次，生态畜牧业注重在养殖环境中模仿自然生态系统的循环和平衡。例如，对于排泄物，不仅要无害化处理，还要尽可能地回收利用，如制成有机肥，返回到饲料生产环节，形成一个生态循环。最后，生态畜牧业将废弃物视为有用的资源。例如，畜禽粪便可以通过堆肥或者沼气发酵，转化为有机肥或者清洁能源，回馈到生态系统中，实现资源的循环利用。

根据规模和与环境的依赖关系，现代生态畜牧业可以分为复合型生态养殖场和规模化生态养殖场两种生产模式。复合型生态养殖场是以小规模、多种类的养殖方式为主，充分利用各种农家资源，进行物质能量的循环利用，形成稳定的生态经济系统。例如，可以将养鸡、养鱼、种植三者结合，鸡粪作为鱼的饲料，鱼池的水又可以灌溉种植区，形成一个生态循环。规模化生态养殖场是通过现代化的管理手段和技术，使畜牧生产高效、集约化，并且做到环境友好。在规模化生态养殖场中，经常采用科学的饲料配方，使用精细化的养殖管理，实现畜牧生产的高效和清洁。

生态畜牧业生产模式融合了生态、经济和社会三个维度，它能够实现畜牧业生产的持续、健康、高效，是未来畜牧业发展的重要方向。在生态效益方面，生态畜牧业生产模式利用生物循环和生物转化，可以降低生产过程中的环境污染，提高环境质量。例如，通过将畜牧业粪便用于沼气发酵和有机肥的生产，可以避免粪便直接排放对水体的污染，并利用粪便中的营养成分。在经济效益方面，生态畜牧业生产模式通过生态循环和综合利用，可以降低生产成本，提高经济效益。例如，自然养殖可以降低饲料和兽药的投入，而废弃物的综合利用则可以形成新的收入来源。在社会效益方面，生态畜牧业生产模式的产品通常更安全、更健康，消费者更愿意购买。此外，生态畜牧业生产模式也可以提供更多的就业机会，促进农村经济的发展。

尽管生态畜牧业生产模式有诸多优势，但是也面临一些挑战：如何提高生产效率、如何减少环境污染、如何提高产品质量等。这需要我们不断地进行科研探索，优化生产方式，提升生产技术。

总之，生态畜牧业生产模式是适应环境保护和社会发展需要的产业模式，具有良好的发展前景。未来将看到更多的生态畜牧业生产模式的应用，这将帮助国家实现畜牧业的可持续发展，保护环境，提供安全、优质的产品，为社会做出更大的贡献。

七、生态渔业模式

生态渔业模式的核心理念是在保证水体生态平衡的同时，实现水产物的可持续产出。这样的模式不仅可以实现经济效益，更能够保障生态环境的稳定，实现可持续发展。在实践中，管理者已经摸索出了多种不同的生态渔业模式，如池塘混养模式、鱼米共生模式、“水—植—养”复合生态模式等，每种模式在不同的地理环境、资源条件和市场需求下各有优势。

池塘混养模式是一种以多种水生物共享同一水域资源的养殖方式，这些水生物通常具有不同的生活习性和食性，可以在水层的不同位置获取食物，因此能有效地利用水域资源。此外，不同种类的水生物可以相互作用，通过捕食、竞争等关系构建起一个相对稳定的生态系统，使生产过程更加符合自然规律，也更符合环保要求。比如鱼虾混养模式，在此模式下，鱼类和虾类可以在同一水体中共生共存，互利互惠。鱼类能够消耗水体中过量的浮游生物和底栖动物，从而控制这些生物的数量，防止水体的富营养化；而虾类则能够通过挖掘泥底，使底部的有机物得以分解和氧化，减少有机物的积累，从而保持水体的清洁。同时，鱼类和虾类的共存，可以互补它们在食物链中的位置，实现资源的最大化利用，提高生产效率。

鱼米共生模式则是典型的陆地与水体相结合的生态渔业模式，这种模式的实施可以充分利用稻田的水源、光照和气候条件，让鱼类在稻田中生活，同时，鱼类的活动可以疏松土壤，提高土壤的氧气供应，而鱼类的排泄物又可以为稻米提供肥料，从而实现水、土、鱼、稻的优化配置。

“水—植—养”复合生态模式是将水生植物、水生动物和微生物结合在一起，构建一个相互依赖、相互促进的生态系统。这种模式可以利用水生植物产生氧气、吸收营养物质，为水生动物提供适宜的生活环境，同时，水生动物的排泄物又可以为水生植物提供肥料，使水生植物生长良好。这种模式的优点是可以充分利用生态系统中的各种资源，实现资源的最大化利用。

生态渔业模式的影响和价值是深远和显著的——能够保护水体环境，防止水体的污染和退化，这对于水体生态系统的保护具有重要意义。生态渔业模式也可以提高水产物的产量和质量，提供健康、安全、高质量的水产品，满足人们对高质量食物的需求。生态渔业模式的实施还可以促进农民的增收，提高农村经济的发展水平。

从更广阔的视角看，生态渔业模式实质上是对自然规律的尊重和遵循，是对生态环境的保护和改善，是对可持续发展理念的实践和推广。因此在推动农业现代化、构建和谐社会，甚至在推动人类社会的可持续发展方面，都具有重要的作用和价值。

在未来的农业发展中，随着科技的进步和人们环保意识的提高，生态渔业模式将得到更广泛的应用和推广。同时，各种新的、高效的、环保的生态渔业模式也将不断出现，以适应不断变化的环境和市场需求，推动行业的可持续发展。

八、丘陵山区小流域综合治理利用型生态农业模式

丘陵山区小流域综合治理利用型生态农业模式，是指在丘陵山区的小流域范围内，利用综合治理手段，恢复和保护生态环境，实现农林牧

渔产业的高效、可持续发展的生态农业模式。这种模式充分利用了山区的自然条件和资源优势，使社会、经济、生态效益最大化。

丘陵山区小流域综合治理的基础是水土保持。通过梯田、坡改梯、沟道疏通等方式，实现水土流失的有效防治，保持土壤的肥沃和水分，为农林牧渔产业的发展提供基础条件。此外，治理过程中还需注意保护生态环境，增加植被覆盖，减少土地退化，提高土壤质量，从而形成良好的生态环境。

丘陵山区小流域综合治理利用型生态农业模式包括农林牧渔复合经营模式、“围山转”模式、生态经济沟模式、“牧—沼—粮—草—果”五配套模式、生态果园模式等多种形式。

农林牧渔复合经营模式是丘陵山区小流域综合治理利用型生态农业模式的重要内容。在坡地上种植果树、经济林、草等，下层种植农作物或养殖牲畜、家禽，形成高效的农林牧渔复合经营体系。这不仅可以提高单位面积的产值，还可以通过生物间的相互作用，减少病虫害，提高农林牧渔产品的质量。

“围山转”生态农业模式是丘陵山区小流域综合治理的一个典型例子。这个模式以山为围，以谷为中心，通过调整土地利用方式，实现水土资源的合理配置和利用，使农田、林地、草地、水域等各种用地类型有机结合，形成一个生产、生活、生态功能互补，物质循环流动、能量有效利用的生态农业系统。

生态经济沟模式是通过水土保持、植物生态修复和农林牧复合经营等方式，实现小流域的生态恢复和经济发展。在沟谷地带设立水果园、蔬菜地、养殖场等，利用沟道丰富的水资源，形成农、林、牧、渔等多元化经营的模式。

“牧—沼—粮—草—果”五配套模式是又一种成功的丘陵山区小流域综合治理利用型生态农业模式，多见于西北地区。这个模式遵循自然生态规律，通过种植、养殖、生产和加工等各个环节的有机连接，形成了一个生物多样性、生产高效的农林牧渔复合系统。首先，采用牧草轮作系统，通过利用畜禽粪便产生的沼气，可以为农户提供清洁能源，同时可以将剩余的沼渣、沼液作为有机肥，用于农田的肥料。然后，利用沼气发酵后的沼渣、沼液，以及剩余的牧草，可以用来种植粮食作物，提高粮食产量。此外，也可以将沼渣、沼液和剩余的牧草用于果树种植，提供有机肥，提高果树的生长速度和果实质量。

生态果园模式及配套技术在丘陵山区小流域综合治理中也起着重要的作用。它通过合理设计和规划，将果树种植与农田种植、畜牧养殖等生产活动结合起来，形成一个多层次、多功能、多效益的复合农业生态系统。在果园中，可通过种植覆盖作物、设置捕虫灯等方式，降低病虫害的发生概率，提高果树的产量和质量。

总的来说，丘陵山区小流域综合治理利用型生态农业模式，以生态和环保为导向，通过生态恢复和合理利用山区的自然资源，形成了高效、生态、经济相结合的复合农业生产体系。在实践中，这种模式已经取得了显著的生态效益和经济效益，为丘陵山区的农业生产和农村经济发展打开了新的道路。由它因地制宜衍生的多种模式也可以为其他丘陵山区小流域的综合治理提供参考和借鉴。

九、设施生态农业模式

设施生态农业模式是通过对土壤、生物、气候等要素进行综合调控，以提高农业生产效率、保护生态环境和促进农业可持续发展为目标的农业生产模式。这种模式下，设施是生态农业生产的重要载体，有机肥、生物防治和物理防治则是实现农业生产高效、生态和经济相结合的关键手段。

首先，设施生态农业模式的基础设施包括温室、大棚、棚架、塑料薄膜等。这些设施能够有效地调节农田的光照、温度、湿度等环境条件，使得农作物可以在适宜的生长环境中进行生产，不受季节、气候等自然因素的影响，从而提高了农作物的生产效率和产量。

其次，设施生态农业模式强调以有机肥替代化学肥料，这是因为有机肥能够提供多种营养元素，同时有助于改善土壤结构，提高土壤的保水、保肥能力，使得农作物能够在良好的土壤环境中生长，进而提高农作物的生产质量和产量。

此外，设施生态农业模式还注重采用生物防治和物理防治措施进行病虫害防治。生物防治主要是通过引入天敌等生物措施来控制病虫害的发生。物理防治则主要是通过设置防护网、使用机械设备等物理手段来防止病虫害的侵害。这两种防治手段可以在不污染环境、不伤害农作物的情况下有效地控制病虫害，保证农作物的生产安全。

设施生态农业模式的运行依赖于一个完整的生态系统，这个系统中，动、植物共生互补，形成一个良性循环。例如，养殖业的废弃物可以作为植物生长的有机肥，而植物的生长又能为养殖业提供饲料。这种循环使得农业生产过程更加高效，同时也使得农业生产过程更加环保。

十、观光生态农业模式

观光生态农业模式以其独特的优势，充分结合农业、生态和旅游产业，构建起一种兼具生态效益、经济效益和社会效益的新型农业运营模式。这种模式不仅可以提升农产品的附加值，促进农村经济发展，也可以推动农业的可持续发展，丰富城乡居民的休闲生活，加深大众对农业和乡村文化的了解。

高科技生态农业园是观光生态农业模式的一种重要形式。这类农业园区通常集农业生产、科研、教学、观光旅游等功能于一体，旨在推广和展示农业的现代化科技成果。利用现代化的农业技术和设施，如智能农业、精准农业等，可以高效地利用资源，提高农作物的产量和质量，同时实现环境的可持续利用。通过科技的展示和推广，这类农业园区也能使公众更深入地理解和参与到农业生产的过程中，增强对农业科技和生态农业的认识和尊重。

精品型生态农业公园是另一种观光生态农业模式的重要形式。这类公园通常以某一特色农产品或农业生态系统为主题，通过精心的规划和设计，提供一个供公众观光、休闲、学习的场所。例如，茶园、果园、蔬菜园等都可以作为精品型生态农业公园的主题。这种模式能够吸引大量的游客，提高农产品的知名度和市场价值，同时也能够提供一个具有教育意义的平台，使公众有机会了解和体验农业生产的全过程，进一步理解农业和农村生态系统的重要性。

生态观光村和生态农庄则以村落或农庄为单位，发展集农业生产、农村生活、民俗文化、生态观光等多功能于一体的综合体。这种模式下，旅游活动与农业生产紧密结合，旅游者可以亲身参与农事活动，体验农村生活，欣赏美丽的农村景色，同时也可以品尝到新鲜、健康、优质的农产品。在这种模式中，农村的自然风光和传统文化被充分利用和展示，成为吸引游客的重要因素。这样不仅使农村的生态环境得到保护和提升，也有助于保存和传承农村的传统文化，同时，这种深度的体验也更能让游客理解和尊重农村的生活方式和生产过程，从而加深对农业和生态保护的认识。

以上各种观光生态农业模式，从不同的角度、以不同的方式将农业生产和观光旅游有机结合在一起，既提高了农产品的经济价值，又增强了农业的社会价值和生态价值。无论是对于农业者，还是对于广大人民群众，观光生态农业模式带来了全新的体验和收益。

然而，观光生态农业模式的成功实施并非易事，需要精细地规划和规范管理，才能确保旅游活动与农业生产的平衡，避免对环境和农业生产产生负面影响。此外，如何有效地将农业科技与农业生产、观光旅游结合起来，实现农业的现代化和可持续发展，也是一个需要解决的问题。

在面对这些挑战的同时，观光生态农业模式也带来了新的机遇。随着科技的进步和社会的发展，农业正从传统的单一生产模式转向集生产、生态、科技、旅游等多功能于一体的综合模式。这既是农业发展的必然趋势，也是农业向可持续发展转变的重要途径。在这个过程中，观光生态农业模式将会扮演更加重要的角色，为农业的现代化和可持续发展开辟新的道路。

第二节　生态农业产业化建设

一、生态农业产业化建设的必要性

生态农业产业化是我国生态农业可持续发展的必由之路。作为世界上最大的发展中国家，我国的农业人口占全国人口的一半以上。我国耕地面积占全世界现有耕地面积的 7%，同时，我国也面临着人口增长、生态环境恶化等问题。解决这些问题，发展生态农业、实现农业产业化是其中的关键，生态农业也需要走产业化的发展道路。

从经济角度来看，生态农业产业化能够帮助农户提高产品的附加值，增加收入，改善农民生活。这主要是因为在生态农业产业化的过程中，可以通过专业化、规模化的生产，提高农产品的品质，使其在市场上具有更高的价格竞争力。而且，生态农业产业化的运作，可以将农业与相关产业（如加工业、销售业、旅游业等）紧密结合，实现农产品的深度加工和品牌化，进一步增加农产品的附加值。

从环保角度来看，生态农业产业化是实现农业生产与环境保护双赢的重要方式。在生态农业产业化的过程中，可以通过使用有机肥料、生物防治等环保技术，减少农业生产对环境的负面影响。同时，通过规划农业生产布局、优化生产结构，可以有效地保护土壤、水源、生物多样性等自然资源，实现农业生产与生态环境的和谐共生。这种模式对于我国这样一个生态环境压力巨大的国家来说，具有非常重要的意义。

从社会角度来看，生态农业产业化对于提高农业的社会效益，推动农村社会经济的发展具有重要作用。在生态农业产业化的过程中，可以引入现代农业科技，提高农业生产效率，释放农民劳动力，为农村的非农业就业创造条件。同时，通过生态农业产业化，可以实现农村经济的多元化发展，吸引农民在农村投资，创新创业，从而增加农民收入，促进农村经济社会的全面发展。

然而，尽管生态农业产业化的优势多，但在实施过程中，也面临着许多挑战。其中主要包括如何在保证农产品质量和环保的同时，实现生态农业的规模化、专业化生产；如何在农业与相关产业的联合中，保证农户的利益，避免产业化过程中的不公平现象；如何在农业现代化的过程中，保存和传承农村的传统文化，保持农村社会的稳定等问题。

这些问题的解决，需要在实践中探索和实施相应的策略。但可以确定的是，实现生态农业产业化是我国农业发展的必由之路，也是解决当前我国农业面临的问题的有效方式。而实现生态农业产业化，需要政府、农户、市场和社会等多方的共同努力和配合。

二、生态农业产业链搭建策略

（一）整合主链，细化次链

生态农业产业链的建设是推动农业高质量可持续发展的重要手段。在这个过程中，整合主链和细化次链是关键步骤，在保障农业生产效率、提高农产品质量和实现农业环保等方面起到重要作用。

在整合主链方面，主链通常包括种子选育、种植、收获、初级加工等环节。在生态农业产业链中，这些环节通常需要严格遵守生态农业的原则和标准，如使用有机或低污染的种子，采取环保的种植和收获技术，使用环保的加工方法等。但在实际操作中，由于信息不对等、技术壁垒、市场风险等问题，导致这些环节往往无法有效地整合在一起，影响了生态农业产业链的效率和质量。因此，整合主链是关键。

整合主链主要包括两个方面的工作。一是通过政策引导和资金支持，推动有关主链环节的研发和推广，提高主链环节的科技水平和环保性能。二是通过建立健全生态农业产业链的市场机制，鼓励和引导农户和企业按照生态农业的原则和标准进行生产和经营，使生态农业的主链环节能够在市场竞争中得到有效的激励和反馈。

在细化次链方面，次链是指在主链环节之外的其他环节，如种子繁育、土壤改良、病虫害防治、农产品储运、深加工、销售、服务等。这些环节虽然在整个产业链中的位置相对较低，但对农业生产效率、农产品质量和农业环保等有着重要的影响。因此，细化次链是必要的。

细化次链主要包括两个方面的工作。一是通过政策引导和资金支持，推动有关次链环节的研发和推广，提高次链环节的科技水平和环保性能。这包括研发和推广新型的种子繁育技术、土壤改良技术、病虫害防治技术等，以及研发和推广新型的农产品储运、深加工、销售、服务模式和技术等。二是通过培训、咨询、示范等方式，提高农户和企业对次链环节的理解和掌握程度，使他们能够有效地运用这些环节提高农业生产效率、农产品质量和农业环保性能。

（二）搭建生态行业链

生态农业产业链的延伸不仅体现在整合主链、细化次链，更体现在生态行业链的搭建。这一行为旨在全面提升农业绿色发展的质量和水平，实现农业的现代化和绿色化。

首先，理解生态行业链的概念是关键。生态行业链是指在某一行业内，各个环节之间形成的相互依赖、相互支持的关系链。在生态农业中，生态行业链涵盖了种子选肥、土地利用、农产品生产、加工、储运、销售等多个环节。这些环节相互依赖、相互支持，共同构成了一个完整的、具有生态属性的农业产业链。

生态行业链的搭建需要科学的理念、高效的技术和健全的体系。科学的理念是指对农业生产和发展的全新理解，即农业生产不仅要追求经济效益，也要注重环境保护和社会效益。高效的技术则主要包括生态农业技术、有机农业技术、农业资源循环利用技术等，这些技术能够有效提高农业生产效率，减少农业对环境的影响。健全的体系是指农业产业链中的各个环节要形成统一的标准和规则，确保各环节的行为都符合生态农业的原则。

如何搭建生态行业链呢？一般来说，可以从以下几个方面进行：一要制定并执行严格的生态农业标准。这是搭建生态行业链的基础。只有制定出一套严格的生态农业标准，并确保各个环节都能遵守这套标准，才能保证农业产业链的生态属性。二要推广生态农业技术。这是搭建生态行业链的关键。要大力推广生态农业技术，让农户和企业都能掌握这些技术，从而提高农业生产的效率和环保性能。三要建立健全的市场机制。这是搭建生态行业链的保障。通过市场机制，可以使农业产业链中的各个环节得到合理的利润分配，从而激励他们遵守生态农业标准，积极推广生态农业技术。四要引入多元化的资金投入。作为一个长期、系统的工程，生态行业链的建设需要大量资金支持。因此，政府应当加大对生态农业的财政支持力度，同时也应引入企业投资、社会融资等多元化的资金来源，以保证生态行业链建设的顺利进行。五要建立健全生态农业人才培养机制。生态农业的发展离不开人才的支持。要通过建立健全的生态农业人才培养机制，培养出一批懂农业、会经营、擅管理的复合型人才，为生态行业链的建设提供人才保障。

在搭建生态行业链的过程中，需要注意环节之间的紧密衔接。这包括生产环节的衔接，例如种子选肥、土地利用、农产品生产等；也包括生产和销售之间的衔接，例如农产品加工、储运、销售等。只有确保各环节之间的紧密衔接，生态行业链才能高效运转。

（三）打通生态服务链

为了满足现代社会对环保、健康、高质量食品的日益增长的需求，生态农业的发展成为必然趋势。然而，要实现这一目标，仅依靠传统的农业生产模式是无法达到的。因此，打通生态农业产业链中的服务链，从而使生态农业产业链更加完善，成为当前紧迫的任务。

一方面，服务链的畅通，将有助于提高农产品的整体质量。服务链的每个环节，从农业生产、加工、储运、销售到服务，都与农产品的质量息息相关。只有这些环节顺畅无阻，各个环节的质量标准能够统一，才能保证农产品的整体质量。

另一方面，服务链的畅通也将大大提高农业生产效率。在传统的农业生产模式中，农业生产、加工、储运、销售、服务等环节往往是孤立的，各自为政，这不仅会导致资源的浪费，还会阻碍农业生产效率的提升。而服务链的畅通，可以将这些环节紧密连接起来，形成一个高效的网络，从而大大提高农业生产效率。

要打通生态农业产业链中的服务链，一个切实可行的路径是从农业生产前、生产中、生产后三个阶段入手，尤其着重提升农产品的质量监控、物流配送、市场开发和售后服务等环节的专业化和标准化。

在生产前阶段，应通过建立一套全方位、细致入微的质量管理体系，推动农业生产全流程的质量监控。这包括种子、肥料的选择，土地的利用，栽培的管理等各个环节。要在种子选择上注重科学配比，提高种子质量。在土地利用上要合理规划，尽可能提高土地利用效率。在栽培管理上要以科技为手段，利用现代农业科技，提高农业生产效率。

在生产中阶段，应通过建立精细化的农产品加工和储运体系，实现农产品加工储运的专业化和标准化。加工过程中要注重农产品的处理和包装，确保农产品的质量和新鲜度。储运过程中要注重冷链物流的使用，确保农产品的安全和快捷配送。

在生产后阶段，应通过建立高效的市场开发和售后服务体系，实现农产品的销售和服务的专业化和标准化。市场开发过程中要注重目标市场的研究，确保农产品的市场接受度。售后服务过程中要注重顾客的需求和反馈，提高服务质量。

为了打通整个服务链，还必须建立和完善全面的信息化管理系统。信息化管理系统可以有效地整合和管理生产前、生产中、生产后的各种信息，实现信息的共享和快速传递，提高服务链的运行效率。

由此可见，打通生态农业产业链中的服务链，需要从农业生产全流程入手，推动各环节的专业化和标准化，同时要建立和完善全面的信息化管理系统，以实现服务链的高效运行。这将有助于提高农产品的质量和市场接受度，提高服务质量，提升农业的竞争力，推动农业的现代化和绿色化发展。

（四）规划网络布局

关于生态农业产业链的搭建，网络布局的规划显得尤为重要。规划网络布局不仅有助于整合上下游资源，构建产学研合作的运营模式，也有助于建立全民共享的食品安全系统，推动生态农业的可持续发展。

以“生态农业基地＋城市服务中心＋农产品物流”为框架，以“可持续发展”为核心竞争力，通过科技创新让废弃物循环利用，实现农业可持续发展。这是整个网络布局的基础框架，是其发展的出发点和落脚点。

以“布局全网络”为发展定向，综合运营全产业链，也是网络布局的重要环节。只有将“互联网＋农业＋全产业链”紧密结合，才能在当前这个万物互联的时代，快速而有效地打造出“田园到餐桌”类的品牌服务。

在规划网络布局的过程中，生态农业不仅要在发展过程中减少能源消耗与环境污染，实现农业可持续发展，而且还要借助其核心的“基地管理”以及“农产品加工配送”优势，以产销对接、以购代捐模式，为当地农民提供就业岗位，帮助人们增收致富，赋能乡村振兴，推动当地的经济发展。

同时，为了满足当前农业经营者对农业信息化的需求，必须开发一套专门针对农场运营、农产品销售场景的电商营销管理系统，该系统应具备全渠道互通、成熟的电商销售系统、全民分销系统、订单农业系统和运营管理系统等功能，以实现对农业经营者全方位的支持。

三、构建生态农业产业集群

构建生态农业产业集群十分重要，有助于实现农业资源的高效利用和可持续发展，进一步推进农业绿色发展，也为农业提供一个更加广阔的市场空间，带动相关产业的发展，是农业产业升级和农民增收致富的重要途径。

生态农业产业集群是指在一定区域内，以农业生态化生产方式为基础，通过农业生态化技术的推广应用，形成一种以农产品种植、畜禽养殖、农产品加工、销售及服务等为一体的新型农业经营体系。该产业集群以生态农业为核心，形成了包括种子繁育、肥料生产、农机具制造、农产品加工、农产品储运、农产品销售等一系列相关产业，构成了一个垂直整合、功能完备、互为补充、共同发展的生态农业产业系统。

构建生态农业产业集群，首先要确定一个生态农业产业发展的总体目标和方向，明确产业链条上的关键环节和关键技术，以及产业发展的主要难点和瓶颈问题。其次要以政策导向和市场机制为手段，鼓励和引导农业企业和农民参与到生态农业产业集群的建设中来，形成以企业为主体、市场为导向、农民参与、政府推动的新型农业经营体系。再次要以科技创新为驱动力，加强生态农业科研成果的转化，提升生态农业的科技含量，实现农业的高效生态化。最后要构建起一个完整的农产品质量安全监管体系，确保生态农业产业集群的可持续发展。

具体而言，建立生态农业产业集群的步骤可以分为以下几步：

第一步，调研和规划。确定农业生态产业集群的构建目标，进行详细的市场调研和项目规划。

第二步，组织实施。依托专业的农业企业或者农业合作社，利用现有的生态农业基地，建立起一套科学合理的农业生产管理体系。

第三步，科技创新和技术推广。在生态农业产业集群中，科技创新是提升农业效益、保障农业发展的重要手段。我们要建立起以农业科研机构、高等农业教育机构、农业企业研发部门为主体的农业科技创新体系，加强农业科研成果的转化，推动农业科技创新；同时，还要强化技术推广，把新的农业生产技术、管理技术、新品种等及时推广到农户手中，提高农民的科技素质和农业生产技能。

第四步，产业链条的延伸和优化。在构建生态农业产业集群的过程中，要以生态农业生产为核心，发展一系列与生态农业紧密相关的上下游产业。例如，可以发展与生态农业配套的种子繁育、肥料生产、农机具制造等前端产业，或发展农产品深加工、农产品物流、农产品销售等后端产业。通过产业链条的延伸和优化，可以实现生态农业产业集群的高效运行和良性发展。

第五步，建立完善的质量监管体系。生态农业产业集群的建设，离不开严格的质量管理和监督。要建立起一套完善的农产品质量监管体系，包括设立农产品质量检测机构，制定农产品质量标准，建立农产品质量追溯体系等，以保障农产品的质量安全。

第六步，培养和引进人才。人才是农业发展的重要资源，要通过各种手段，如提高待遇、改善工作环境、提供职业培训等，吸引和留住农业技术人才、管理人才、营销人才等。同时，还要通过引进外部优秀人才，提升农业产业集群的整体人才水平。

上述步骤实施过程中，政府的推动作用必不可少：可以通过政策引导，提供财政支持，为生态农业产业集群的建设提供有利条件；还可以加强对生态农业产业集群的服务，例如提供市场信息，提供技术支持，帮助解决生态农业产业集群发展中的困难和问题。同时，这些实施过程还需要依靠政府加强监管，确保生态农业产业集群的建设和运营符合相关法律法规和政策要求，保障生态农业产业集群的健康、可持续发展。

值得注意的是，在建立生态农业产业集群的企业时，一定要强调环保理念的贯穿。每个环节，无论是种植、养殖、加工，还是销售，都要始终坚持生态环保的原则，最大限度地减少对环境的破坏和污染。只有这样，生态农业产业集群才能真正实现可持续发展，为社会创造更多的经济价值，同时也为维护生态环境、促进社会和谐发挥重要作用。

此外，对于农业产业集群内的农户和农业企业，可以通过优惠政策和技术培训等方式鼓励他们转向生态农业。对于那些仍然坚持传统农业方式的农户和企业，可以通过扶持措施，如技术指导、资金支持等方式，帮助他们进行转型，实现农业生产方式的升级。这样不仅可以促进生态农业产业集群的发展，还可以增强农户和农业企业的竞争力，帮助他们在市场竞争中立于不败之地。

构建生态农业产业集群也要充分考虑到地方特色和区域差异。不同的地区，其气候、土壤、水源、生物多样性等自然条件以及社会经济条件、文化传统、市场需求等都有其特殊性，因此在构建生态农业产业集群时，一定要根据当地的实际情况，进行有针对性的规划和布局，使得生态农业产业集群能够充分利用和保护当地的自然资源，满足当地市场的需求，创造最大的社会和经济效益。

总的来说，构建生态农业产业集群是一个系统工程，需要从政策引导、市场机制、科技创新、人才培养等多个方面进行全方位的推动。只有这样，我们才能实现农业的高效生态化，推动农业产业升级，实现农民增收。

第三节　生态农业企业品牌做强

一、什么是品牌化建设

品牌化建设，是一种具有全局观的营销策略，涉及创建并提升品牌的知名度、形象以及声誉。品牌建设的主要目标是提升消费者对品牌的认知度，建立并保持品牌忠诚度，最终推动产品的销售。品牌建设是一项复杂且深远的工作，需要企业从多个角度出发，进行全方位的策略设计与实施，包括确定目标市场，开发品牌标识（如商标、标语等），以及制定并执行一致的品牌信息传达策略。品牌化建设不仅是一项技术活动，更是一项充满艺术的策略活动，其成功的实现，关乎企业的生存和发展。

一个成功的品牌建设需要以下关键因素：

一是消费者洞察。理解消费者的需求、期望和痛点是品牌化建设的关键。这可以通过市场研究、消费者调查和数据分析来实现。深入的消费者洞察可以帮助品牌开发更有吸引力的产品和服务，更有效地与目标市场沟通。

二是品牌承诺。品牌承诺是品牌向消费者承诺的价值和体验。这可能涉及产品的质量、服务的标准，或者是企业的社会责任。品牌承诺应该是具体、明确和可执行的，并且需要在每一个消费者接触点上得到兑现。

三是员工参与。员工是品牌化建设的重要部分，因为他们是品牌的代表者和传播者。员工应该理解和认同品牌的价值观，并通过他们的行为来体现这些价值观。企业可以通过培训、内部沟通和激励机制来提高员工的品牌参与度。

四是持续的创新。为了保持品牌的吸引力和竞争力，企业需要持续创新。这可能涉及开发新的产品或服务，改进现有的业务流程，或者是采用新的营销策略。创新可以帮助品牌保持领先地位，满足消费者不断变化的需求。

五是全渠道策略。现在的消费者在多个渠道上与品牌互动，包括线上和线下。企业需要开发全渠道策略，以提供一致和无缝的品牌体验。这可能涉及整合线上和线下的销售渠道，以及使用社交媒体、移动应用和其他数字工具来提高品牌的可见度和互动性。

品牌化建设包含许多重要内容，如品牌的核心价值观、品牌定位、品牌标识、品牌信息等。品牌的价值观反映了它的使命、视野和目标，代表了品牌的内在含义和其希望与消费者建立的情感联系。品牌定位描述了品牌在市场中的独特位置，及其与竞争对手的区别。定位通常基于产品的特性，但也可能涉及价格、品质、使用场景等因素。定位应该清晰地说明为什么消费者会选择这个品牌，而不是其竞争对手。品牌标识包括名称、商标、标语和设计元素，如颜色和字体。这些元素应该反映品牌的价值观，并能够吸引目标市场，且应该在所有的营销渠道上保持一致，以便于消费者识别和记住品牌。品牌信息可能包括关于产品的信息，也可能是关于品牌背后的故事。这种信息应该在所有的营销和公关活动中反复传播，以增强品牌形象。

在品牌化建设中，企业首先需要明确自己的核心价值观，这些价值观应当反映品牌的使命、愿景和目标。品牌价值观是品牌精神的具体表现，它代表了品牌的内在含义，也是品牌希望与消费者建立情感联系的基础。举例来说，耐克的品牌价值观可能包括激励、勇气和创新，这些价值观通过耐克的产品、广告和赞助活动，以非言语的方式传达给消费者。在这个阶段，企业需要进行深入的自我反思和剖析，明确自身的独特价值，以此为出发点，形成有力的品牌精神，赋予品牌以生命力。

此外，企业需要明确品牌定位。品牌定位描述了品牌在市场中的独特位置，以及它与竞争对手的区别。定位通常基于产品的特性，但也可能涉及价格、品质、服务、使用场景等多种因素。品牌定位应该清晰地说明为什么消费者会选择这个品牌，而不是其他竞争对手的品牌。这需要企业对市场环境有深入的理解，对消费者需求有准确的把握，对竞争对手有全面的分析。只有这样，才能确保品牌定位的精准性和有效性。

在品牌标识的开发环节，企业需要创造并传播独特的品牌元素，包括名称、商标、标语和设计元素，例如颜色和字体等。这些元素都应该反映品牌的核心价值观，同时具备高度的识别度，以便吸引并留住目标市场的注意力。在保证其内涵丰富的同时，这些元素还应该在所有的营销渠道上保持一致，包括广告、包装、网站、社交媒体和实体店面等。一致性的品牌标识可以加强消费者对品牌的记忆，提高品牌的知名度和认知度，从而加深消费者的品牌印象。

品牌信息的传播是品牌化建设过程中的关键步骤。品牌信息可以是关于产品的信息，如其功能、质量和价格，也可以是关于品牌背后的故事，如其历史、使命和价值观。不论是哪种类型的信息，都需要在所有的营销和公关活动中进行传播。品牌信息的传播可以通过各种方式实现，如广告、公关、活动营销、社交媒体和内容营销等。无论通过何种方式，都应确保信息的一致性和连贯性，避免产生混淆或矛盾的信息，从而引导消费者形成一致的品牌认知。

品牌化建设的最后一个环节通常是监测和调整。品牌经理需要定期对品牌策略的效果进行评估，包括品牌知名度、品牌形象、品牌忠诚度和销售业绩等指标。同时，他们还需要根据反馈和市场变化进行调整，可能涉及对产品、定位或营销策略的修改。这一环节要求企业具备灵活性和敏锐性，能够快速地响应市场变化，适时调整品牌策略，以确保品牌的长期健康发展。

品牌化建设是一个长期、系统的过程，要求企业在每一个与消费者接触的点上提供一致的品牌体验。这样，消费者就能建立起对品牌的信任和忠诚，从而产生持续的购买行为。虽然这可能需要大量的时间和资源投入，但是成功的品牌建设无疑可以提高重要的竞争优势，其中包括增加市场份额，改善客户满意度，提高价格的可接受度，以及创造持续的业务成长等方式。

二、生态农业品牌化建设的作用

在当今快速发展的市场经济环境中，品牌已经成为企业及产品区别于同类竞争者的重要标志，生态农业也不例外。品牌化建设对于生态农业有着至关重要的作用，可以提高生态农业产品市场竞争力，提升生态农业的社会影响力，提升生态农业产品的附加值，提高农民的经济收入，保护农民的利益，确保产品质量，维护市场公平竞争。这些都说明，生态农业品牌化建设是推动生态农业发展，满足现代消费者需求的重要途径。

首先，品牌化建设是提高生态农业产品市场竞争力的关键。在复杂多变的市场环境下，品牌成为一个显著的信号，可以减少消费者在选择过程中的信息不对称。消费者对于品牌的认知度和认同感常常成为他们决定购买产品的重要依据。因此，品牌就像是一种“信任标签”，被赋予了代表产品质量和公司声誉的期望值。对于生态农业来说，品牌化建设可以增强消费者对产品的认知度和购买意愿，进而提高产品的市场份额。生态农业通过构建和传播品牌，可以更好地将自身对环保、健康、质量的承诺传递给消费者，从而赢得消费者的信任和忠诚，增强市场竞争力。

其次，品牌化建设可以提升生态农业的社会影响力，进一步塑造积极的品牌形象。在当前社会，人们对于环保、健康、持续的生活方式越来越重视。作为响应这种社会需求的农业形态，生态农业在品牌传播过程中可以强调其对环境友好、生产方式健康、产品质量优秀等特点，从而获得更广泛的社会认同。品牌的传播不仅可以在消费者中产生影响，还可以在整个社会中形成良好的品牌口碑，进而影响相关的政策制定和社会资本的流向。因此，通过品牌化建设，生态农业不仅可以提升自身的社会地位，还可以对整个社会产生积极影响。

再次，品牌化建设有助于提升生态农业产品的附加值。品牌不仅代表了产品的质量和服务，更是代表了产品背后的价值理念和文化内涵。生态农业产品的品牌化建设，可以帮助消费者更好地理解产品的环保、健康等价值，从而提升消费者对产品的感知价值和愿意支付的价格。通过品牌化建设，生态农业可以从产品本身的价值出发，发掘产品的潜在价值，进一步提升产品的附加值。

此外，品牌化建设也有助于提高农民的经济收入。在现代市场经济中，消费者通常愿意为品牌产品支付更高的价格。这一点对于生态农业来说尤其重要。生态农业的生产方式往往需要投入更多的人力、物力和时间，相比于传统农业，其生产成本往往更高。但是，如果生态农业可以成功地通过品牌化建设，传达出其产品的环保、健康等特质，那么消费者就有可能愿意为这些特质支付更高的价格。这样，农民就可以通过品牌化建设，提高自己的产品价格，从而提升自己的经济收入。同时，随着品牌影响力的提升，生态农业也可以吸引更多的投资和社会支持，进一步提升农民的收入水平。

最后，品牌化建设对于保护农民的利益，确保产品质量，维护市场公平竞争也起着至关重要的作用。在品牌化的过程中，生态农业需要遵守一系列关于产品质量、服务、信誉等方面的规定和标准，这不仅可以提升消费者的购买体验，也可以保护农民的利益。同时，品牌化还可以防止因假冒伪劣产品进入市场，而损害消费者和农民的利益。通过品牌化建设，生态农业可以通过法律手段保护自己的品牌权益，打击假冒伪劣行为，维护市场公平竞争。

三、生态农业企业品牌化建设路径

（一）发挥龙头企业的引领作用

生态农业企业品牌化建设的路径具有多样性，而农业龙头企业的引领作用无疑是其关键要素。如以江西赣南的“猪—沼—果”模式为例，可以看出生态农业发展的一种模式，即依托特色资源、变废为宝。但其产业化程度不高，更像自给自足的封闭经济。相比之下，现有的农业龙头企业积极推进绿色农产品、有机农产品、无公害农产品等健康农产品的产业化进程，通过实施生态品牌，进而带动生态产业的发展，这种模式的优点是容易产业化，对经济发展的驱动作用更为明显。

农业龙头企业在生态农业品牌化建设中扮演着至关重要的角色，它们一方面可以通过生态品牌引领市场，另一方面则通过这种带头作用鼓励农户生产，达到推动生态农业产业化的目标。在此过程中，政府管理机构对农业龙头企业的支持和鼓励也至关重要。例如，政府可以鼓励这些企业积极申报绿色农产品标志、有机农产品标志等，以提升其生态品牌影响力。

值得一提的是，实施生态品牌战略的龙头企业必须具备一定的前期基础，包括至少两年的农产品生产基础，以及一定规模且符合生态条件的生产基地。这些基础条件在一定程度上确保了生态品牌产品的质量和信誉，也为后续的品牌化建设奠定了坚实的基础。

以江西省为例，众多省级龙头企业实施了生态品牌战略，在这些企业的带领下，江西省绿色农产品产业呈现出快速、健康的发展态势，其绿色食品企业数量、绿色食品产品总数、绿色食品标准化生产基地数量和面积、绿色食品合格率等各项指标均呈上升趋势。这种发展态势显示了农业龙头企业实施生态品牌战略的显著成效，也进一步证明了生态农业品牌化建设的必要性和价值。这些农业龙头企业不仅提升了自身的品牌形象和市场竞争力，也带动了周边农户的收入增加，有力地推动了区域经济的发展。

（二）构建标准化生产体系

构建标准化生产体系是生态农业企业品牌化建设的关键环节之一。通过建立科学的种植、养殖、加工和管理标准，可以确保农产品的质量和安全，提升企业的信誉和市场竞争力。在生态农业企业中，建立标准化生产体系需要从以下几个方面展开。

首先，建立健全的农产品质量标准体系。这一体系应涵盖品种选择、土壤管理、施肥技术、病虫害防治等方面的标准，以确保农产品的品质和食品安全。通过科学的品种选择和合理的种植技术，可以提高农产品的产量和品质。通过科学的施肥和病虫害防治措施，可以减少化学农药和化肥的使用，降低对环境的影响。

其次，加强生态农业技术培训和指导。生态农业企业应开展农民培训和技术指导，提高农民对生态农业技术的认知和掌握，提升其生产能力和管理水平。通过组织专家讲座、现场指导和示范农田等方式，向农民传授先进的种植、养殖和加工技术，帮助他们提高生产效益、降低生产成本，同时注重环境保护和生态可持续发展。

最后，建立健全的品牌认证和标识体系。参与相关的认证和评定是提升企业品牌形象和产品竞争力的重要手段。生态农业企业可以通过申请绿色食品认证、有机食品认证等权威认证，证明产品的质量和安全性，增强消费者对产品的信任和认可。此外，企业还应建立和推广自有的品牌标识，如企业标志、包装设计等，塑造独特的品牌形象，提升产品的市场竞争力。

通过构建标准化生产体系，生态农业企业能够实现产品的规范化生产，提高产品的品质和安全性。这不仅有利于企业的长期发展，也有助于满足消费者对健康农产品的需求。同时，标准化生产体系的建立还能推动整个生态农业行业的发展，促进可持续农业的实践和推广，为实现农业的可持续发展做出积极贡献。

（三）加强品牌推广和营销

生态农业企业品牌化建设的成功离不开有效的品牌推广和营销。在品牌推广方面，可以通过多渠道的宣传推介，如电视、广播、报纸、网络媒体等，向消费者传递企业的品牌理念和产品优势。通过精心策划的广告和宣传活动，生态农业企业可以将品牌形象和价值观深入人心，提升品牌的知名度和美誉度。同时，生态农业企业还应加强与消费者的互动和沟通，如通过举办农产品展销会、农民市场、农家乐等活动，让消费者亲身体验和了解企业的产品，增强消费者对品牌的认知和好感度。

首先，在营销方面，要注重市场细分和精准营销。通过市场调研和分析，了解消费者的需求和偏好，根据市场需求，对产品进行市场细分，开展差异化的营销策略。例如，针对特定的消费群体，生态农业企业可以推出专门的产品系列或定制化服务，满足其个性化需求。同时，要加强渠道建设，与超市、电商平台、餐饮企业等建立合作关系，拓展销售渠道，提高产品的市场覆盖率。通过多元化的渠道和创新的销售模式，生态农业企业能够更好地满足不同消费者的购买习惯和需求。

其次，还应注重建立和维护良好的品牌形象和声誉。通过提供优质的产品和服务，积极参与公益活动，履行企业社会责任，生态农业企业可以树立起良好的品牌形象和信誉。消费者往往更倾向于选择具有良好声誉和社会责任感的品牌，因此，积极投入社会公益活动，关注环境保护和可持续发展等议题，不仅有助于提升品牌形象，也有利于企业的可持续发展。

最后，要加强品牌管理和创新。建立健全的品牌管理机制，包括品牌价值观、品牌定位、品牌传播等方面的管理。要注重品牌的一致性和连贯性，确保品牌形象在各个渠道和媒体上的统一呈现。同时，要不断创新产品和服务，不断满足消费者的需求，保持品牌的活力和竞争力。通过产品的创新和升级，生态农业企业可以不断提升产品的品质和附加值，增强品牌的竞争力和市场份额。

总之，生态农业企业品牌化建设的成功需要综合运用品牌推广和营销手段，通过多渠道的宣传推介、市场细分和精准营销、建立良好的品牌形象和声誉，以及加强品牌管理和创新，实现品牌的差异化和竞争优势。只有这样，生态农业企业才能在市场竞争中脱颖而出，赢得消费者的认可和信赖，有利于推动行业的发展和可持续经营。

第四章　生态农业经济融入国内大循环

第一节 区域协调与乡村振兴

一、区域协调

（一）认识区域协调发展战略

区域协调发展战略是我国在推动经济发展的过程中所采取的一项重要战略。该战略基于不同地区之间的发展条件和优势，旨在促进各地区之间的协调与互补，推动社会主义现代化建设全面推进。区域协调发展战略对于我国实现经济高质量发展、社会和谐稳定、国家长治久安具有重要意义。在二〇三五远景目标的指引下，二十大报告进一步强调了区域协调发展的重要性，为各地区的发展提供了明确的方向和政策支持。

中国作为一个地理空间庞大、资源禀赋差异大、经济发展阶段和条件各异的国家，各地区拥有不同的自然条件、人文环境、经济基础和科技能力，从而使得各地区具有各自的特点和发展方向。区域协调发展战略通过地区间的协调和互补，能够使各地区在发展中找到自身的位置，实现共同富裕。

实施区域协调发展战略的核心是发挥各地区的比较优势，促进各类要素的合理流动和高效集聚，提升创新能力，构建高质量发展的动力系统。这种发展模式要求地区间经济发展不再求同，而是要在各自发展的同时协调和互补，达到各地区经济的平衡。

需要强调的是，区域协调发展战略并不要求各地区在经济发展上达到同一水平，而是根据各地区的条件，走合理分工和优化发展的道路。这就需要坚持问题导向，将解决发展不平衡问题作为改革的重要任务，通过合理调整产业布局、优化产业结构、提升产业转型升级能力，实现各地区的协调发展。

在实施区域协调发展战略时，需要注意中心城市和城市群等经济发展优势区域的经济和人口承载能力。这些地方一方面需要发挥引领作用，另一方面也需要在国家层面进行合理的调整和配置，以防止经济过度集聚和社会问题的积累。此外，其他地区也需要发挥其在保障粮食安全、生态安全和边疆安全等方面的功能，发挥其自身的优势和作用。

在全球化背景下，区域协调发展的重要性日益凸显，实现这一目标需要多方面的努力。首先，各地区应根据自身的资源禀赋和比较优势，发展具有竞争力的优势产业，形成特色产业集群，从而打造区域经济的竞争优势。其次，各地区需要进一步推动区域间的协调合作，通过合理的政策设计促进资源和要素的流动，提高区域内的经济效益和效率。此外，各地区还需要建立健全协调发展的长效机制，推动形成全面开放、竞争有序的市场环境，为各地区的高质量发展提供良好的制度保障。

总之，区域协调发展是推动我国经济社会持续健康发展的重要途径，也是构建现代化经济体系的重要支撑。这个过程不会一帆风顺，因为区域协调发展既是一项长期任务，也是一项复杂的系统工程。在推动区域协调发展的过程中，需要加强政府的引导和协调作用，坚决落实党中央关于区域协调发展的决策部署，从而实现经济高质量发展，为全面建设社会主义现代化国家，实现中华民族伟大复兴的中国梦做出新的更大贡献。

（二）中国式现代化要求城乡区域协调发展

中国式现代化的独特性根植于国家的基本国情和社会主义制度的本质要求，这种现代化旨在实现全体人民共同富裕，特别是在农业、农村地区的发展上。中国式现代化强调人民的全面发展和共同富裕，强调均衡发展和区域协调，强调农业和农村地区的现代化，强调农民的权益和福祉，这一切都以人民为中心，以共同富裕为目标。中国式现代化不仅在高质量发展的全面建设社会主义现代化国家的任务中得到体现，而且在促进乡村振兴、推动区域经济规模协调、区域发展水平趋近、区域发展差距持续缩小、基本公共服务适度均衡、人民群众福祉趋于均等化的过程中得到体现。这是中国的基本国情和社会主义制度本质要求的表现，也是中国式现代化的特色和本质。因此，中国的现代化进程需要在全国范围内推动城乡区域均衡发展，以优化区域经济持续发展和国土空间布局，形成主体功能明显、优势互补的区域协调发展新格局。这也是推动高质量发展的必然要求。

高质量发展是全面建设社会主义现代化国家的首要任务。在转向高质量发展阶段的同时，区域协调发展的需求也相应提高。尤其是乡村振兴，这一策略是建设农业强国、实现高质量发展的关键。农业和农村地区的现代化发展水平，一定程度上反映了国家现代化的实现进度和质量水平。乡村振兴战略的推行，注重农业农村的优先发展，旨在实现农业农村现代化，构绘出产业兴旺、生态宜居、乡风文明、治理有效、生活富裕的农村生活图景。

以人民为中心的发展思想对区域均衡发展提出了要求。在社会主要矛盾已经转化为人民日益增长的美好生活需要与发展不平衡、不充分的矛盾的新时代，实现区域经济规模协调、区域发展水平趋近、区域发展差距持续缩小、基本公共服务适度均衡、人民群众福祉趋于均等化，已经成为区域协调发展的总目标。因此重视农民，提高农民收入，改善农村生活水平，都是以人民为中心的发展思想的重要组成部分。促进城乡区域均衡发展，让农村地区在现有的土地上寻求新的发展，将其建设成为宜居、宜业和美丽的乡村，实现农业农村现代化，让农民在自己的土地上安居乐业，这也是必要的步骤。

共同富裕是中国式现代化的特色和本质要求，而城乡区域均衡发展是实现共同富裕的必要条件。对于长期存在的城乡差距问题，特别是在收入、社会福利、财产和生活水平等方面，实现共同富裕需要提高农村居民的收入，提高农村居民的消费水平。在推进乡村振兴的过程中，需要注意到农村人口在中国人口总数中的比重，以及农村市场在中国消费市场中的份额。实现乡村振兴，促进农村经济和社会发展，是历史发展的必然要求。

（三）区域协调发展的重点

推动区域经济协调发展的战略着力点层出不穷，一种新的发展格局正在我国大地上铺展开来。这不仅体现了我国在发展实践中摸索出的经济发展路径，也表达了对人类社会经济发展的深刻理解和独特见解。

在当前的大国格局下，如何精准把握着力方向，进一步推动区域经济协调发展是一个极其重要且复杂的课题。面对各地自然资源的禀赋差别、区域发展的不平衡问题，这将是一个需要久久为功的长期过程。在新发展阶段，新发展理念成为构建新发展格局的重要引领，充满了战略性、纲领性和引领性。落实党中央的重大战略部署，建立更加有效的区域协调发展体制机制，不断健全区域政策体系，以形成更具针对性的区域发展政策，持续提升政策的实施效果，将是全面建设社会主义现代化国家新征程上的关键步骤。

面对新时代的挑战，各地区需要在创新发展的要求下找准自己的创新领域和赛道，构建自己的创新优势。同时，要依据协调发展的要求构建特色竞争优势，找准比较优势，着力补短板、堵漏洞、强弱项，在发展中促进相对平衡。另外，也需要依据绿色发展的要求发挥比较优势，创造更多的生态产品，满足人民日益增长的生态产品需求。在开放发展的要求下，更需要推进更高水平的对外开放；以及在共享发展的要求下，更需要加强合作联动，提升发展包容性，扎实推动共同富裕。

要真正做到推动区域经济协调发展，必须首先坚持全国一盘棋的原则。这要求各地遵循全国区域经济总体发展战略，在全国整体发展中发挥区域比较优势。同时，形成合理的区域分工协作体系，在相互协作中发挥比较优势，并且需要精准识别和不断强化比较优势明确比较优势的定义，寻求各地区的协调发展，每个地区都必须认识到比较优势就是相对于全国区域经济总体发展战略需要而言的。如果偏离了国家发展战略的需要，区域比较优势就失去了科学的判断标准，也失去了其价值和意义。因此，要根据主体功能定位划分政策单元，对重点开发地区、生态脆弱地区、能源资源地区等制定差异化政策，分类精准施策，推动形成主体功能约束有效、国土开发有序的空间发展格局。

推进区域经济协调发展的另一重点在于形成合理的区域分工协作体系，发挥各地区的比较优势，形成优势互补、高质量发展的区域经济布局。这里的“合理区域分工”不仅仅是物质分工，而是全方位、多层次的分工协作体系，涵盖生产、分配、流通、消费等各个环节，以及科技创新、人才培养、文化传播等各个方面。这种分工协作体系的形成，有赖于国家政策的引导和市场机制的作用，有赖于各地区自身努力和相互之间的互助合作。而在分工协作的基础上，各地区需要充分发挥自身的比较优势，发展优势产业，形成独特的竞争优势。比如，经济发展条件好的地区可以承载更多产业和人口，发挥价值创造作用。生态功能强的地区则需要得到有效保护，创造更多的生态产品。通过这样的方式，整个国家可以形成整体的竞争优势，从而在全球化的大背景下保持持续的发展活力。

推动区域经济协调发展的最后一个重点在于构建畅通的国民经济循环。只有形成健全的市场体系，才能为区域分工协作创造必要的基础和条件。打造具有国际竞争力的一流企业，整合产业链供应链，形成相应的产业集群，这样才能实现生产循环的畅通和安全。同时，要以合理的国民收入初次分配结构为前提，保障生产资料的合理配置，实现资产和收入公正分配。这样，区域经济的发展也将更有活力，更能满足人民对美好生活的向往。

二、乡村振兴战略

（一）乡村振兴战略的提出与实施

乡村振兴战略是在我国经济社会发展中城乡发展不平衡的情况下提出的。随着城市化进程的加快，城市与乡村之间的发展差距逐渐扩大，农村面临着人口减少、产业结构单一、基础设施滞后等问题。为了解决这些问题，促进农业农村的现代化和城乡一体化发展，乡村振兴战略应运而生。

乡村振兴战略是习近平总书记于 2017 年 10 月 18 日，在中国共产党第十九次全国代表大会上正式提出的，代表着我国党和国家的最高决策层提出了乡村振兴战略这一重要举措。乡村振兴战略的提出是对经济发展的新要求和对农村问题的深刻思考和回应。

乡村振兴战略的提出是在我国经济发展的新背景下，结合历史经验和新时代要求，以及国际发展趋势，为推进农村发展、农业农村现代化、城乡一体化和人民群众的全面发展而提出的重要战略。

乡村振兴战略的实施，是以加强基础设施建设，提升公共服务水平，发展优质农产品，推动农业科技创新，创造绿色生态，发展乡村旅游等方式，提升乡村的整体竞争力。这一战略带来的效果，已经在农业结构调整、农村经济活力增强、农村环境改善、农村文化繁荣等方面得到了体现。

乡村振兴战略的执行，遵循“三步走”的战略部署。第一个阶段，从 2018 年至 2020 年，是构建乡村振兴的制度框架和政策体系的时期。在这个阶段，各级政府出台了一系列针对农业和农村的政策措施，如农业科技创新支持、优质农产品开发推广、基础设施建设加强、生态环境保护提升等。第二个阶段，从 2021 年至 2035 年，是在已经确立的制度框架下，全面推动乡村振兴的时期。在这个阶段，政府将侧重于推动城乡融合发展，繁荣农村经济，深化农业供给侧结构性改革，全面推进绿色发展，传承农耕文化，创新乡村治理等。第三个阶段，从2036年至2050年，是乡村振兴的决胜阶段。在这个阶段，政府将继续提升农村基础设施和公共服务水平，同时，通过培育人才、弘扬农耕文化等方式，引领乡村实现全面振兴。

乡村振兴战略的设计，彰显了开创性、汇融性和系统性。开创性体现在战略的独特性，如该战略设想和实施逻辑。汇融性体现在将多元发展需求整合在一起，如城乡融合、产业协同、生态兼容等。系统性则体现在其全局性规划和多方位实施。

（二）乡村振兴战略的实施意义

乡村振兴战略是我国进一步优化城乡结构、构建现代化经济体系、实现全体人民共同富裕的重要举措，是在农业农村问题的解决中，寻找新的增长点，激发新的动力，开辟新的发展道路。实施乡村振兴战略，不仅涉及我国农业农村经济的发展，更涉及农村社会的和谐、农民生活质量的提高、农业农村环境的改善。

实施乡村振兴战略的现实意义主要体现在以下几个方面：一是对于破解当前城乡发展不均衡、农村发展滞后的问题具有重要作用。乡村振兴战略以实现城乡发展一体化为目标，通过优化城乡结构，促进城乡互动，推动农村产业升级，提高农民生活质量，实现乡村的全面振兴。二是对于促进农业现代化，提高农业的综合竞争力有着重大影响。实施乡村振兴战略，将推动我国农业结构调整和优化，推动农业产业化、集约化、智能化，使我国农业走上高效、优质、绿色的发展道路。三是对于改善农村人居环境，提升农民生活质量有着重要意义。实施乡村振兴战略，将进一步加大农村基础设施建设力度，改善农村人居环境，提高农民的幸福感和获得感。四是对于推动全体人民共同富裕，实现社会公正具有重要意义。实施乡村振兴战略，将使农村发展成果更多更公平地惠及农民，使农民在我国社会主义现代化建设中享有更多的权利，更好地实现全体人民共同富裕。

实施乡村振兴战略的历史意义主要体现在以下几个方面：一是推动了我国社会主义现代化建设的新阶段。实施乡村振兴战略，将在全面建成小康社会的基础上，进一步推动我国社会主义现代化建设的新阶段。这既是我国社会主义现代化建设的必然要求，也是我国农业农村经济发展的必然选择。二是为我国的现代化建设开启了新的发展道路。乡村振兴不仅是农业农村发展的要求，也是全面深化改革的需要。乡村振兴战略的实施，不仅推动了农业农村经济的发展，也推动了全面深化改革的深入推进。三是为实现中华民族伟大复兴的中国梦提供了强大的支撑。乡村振兴战略的实施，将进一步调动农村的生产力，激发农村的创新力，增强农村的凝聚力，为实现中华民族伟大复兴的中国梦提供了强大的支撑。

在现代化进程中，农村是我国发展的重要基础和重要资源。实施乡村振兴战略，就是要让这个基础更加坚实，让这个资源更加丰富，让这个空间更加活跃。通过全面推进乡村振兴战略，可以推动农村经济社会全面发展，提升农民生活质量，加快现代化进程，使全体人民在共建共享发展中有更多获得感，实现全体人民共同富裕，进而为实现中华民族伟大复兴的中国梦做出贡献。

（三）全面推进乡村振兴是实现城乡区域协调发展的战略基点

全面推进乡村振兴是实现城乡区域协调发展的战略基点，这一认识源于深入剖析我国城乡发展现状和未来发展需求。

城乡发展是一个动态过程，涉及社会经济、环境生态和人文精神等多元维度的交织影响。这种交织影响使得城乡发展之间呈现出复杂的互动关系，这种互动关系在一定程度上体现出区域协调发展的内在要求。目前，我国城乡发展差距明显，乡村地区经济社会发展滞后于城市，这是影响城乡协调发展的重要因素。对此，全面推进乡村振兴是解决这一情况的有效途径。只有通过推动乡村经济社会全面发展，才能改善乡村地区的发展环境，提高乡村居民的生活水平，进而缩小城乡发展差距，促进城乡区域协调发展。

全面推进乡村振兴的重要性还表现在乡村振兴是深化农业供给侧结构性改革的必然要求。随着我国经济发展进入新常态，农业面临更为复杂的发展环境。如何提高农业生产效率，如何满足人民日益增长的优质食品需求，如何处理好农业与环保的关系，如何促进农村人力资本的优化配置，都是农业供给侧结构性改革需要解决的重要难题。全面推进乡村振兴，就是要以提高农业生产效率和农产品质量为核心，打造现代农业产业体系，推动农业绿色发展，实现农民持续增收，从而推动农业供给侧结构性改革深化，实现乡村振兴。

乡村振兴战略还具有强化区域经济协同发展的战略价值。区域经济协同发展要求强化城市与乡村、中心与边缘地区、工业与农业的相互联系和相互依赖，通过协同发展实现区域经济的整体优化。推进乡村振兴，可以促进城乡互动，提高城乡间的经济联系度和协同性，推动区域内的资源优化配置，助力整体经济的持续稳定发展。从这个角度看，乡村振兴不仅关系到农村地区的发展，更关系到城市和整个区域的发展，因此，乡村振兴是实现区域协调发展的重要途径。

此外，全面推进乡村振兴是平衡区域发展、推动构建人类命运共同体的重要实践。现代社会，国内的城乡差距和国际的北南差距并存和发展不平衡问题凸显。全面推进乡村振兴，以实现农村地区和城市地区的协同发展，有助于构建公正合理的区域发展新秩序，实现社会公正。同时，也有助于缩小发展中和发达国家之间的差距，推动全球发展的均衡化，对于推动构建人类命运共同体，具有重要的意义。

进一步看，乡村振兴也是实现可持续发展的重要一环。城市和乡村是一个有机整体，二者之间的发展是相互依存的。如果单纯追求城市的发展，而忽视乡村的发展，那么，城市的发展就可能失去持久的生命力。因为城市的发展需要乡村提供食品、资源等基本条件，而乡村的发展则需要城市提供市场、技术、资金等支持。因此，全面推进乡村振兴，是实现城乡双赢、推动社会可持续发展的重要手段。

可以说，全面推进乡村振兴，不仅是一项涉及广大农村地区和农民利益的大计，更是一项关系到国家发展全局的重大战略。全面推进乡村振兴，不仅是解决我国城乡差距、推动区域协调发展的战略基点，也是推动农业供给侧结构性改革、强化区域经济协同发展、推动构建人类命运共同体、实现社会可持续发展的重要手段。因此，全面推进乡村振兴，不仅是我国未来一段时期的重要任务，更是我国持久和平稳定发展的重要保障。

三、生态农业经济全面推进乡村振兴

（一）乡村振兴背景下生态农业经济的发展意义

乡村振兴策略在当今中国发展中扮演着重要的角色，其中生态农业经济的发展被认为是推动乡村振兴的重要趋势。在这个战略背景下，不仅需要推动农村地区的经济发展，使农村地区的产业更加兴旺，还需要打造文明乡风，建立更加适合生存的生态环境，提升农民的收入。传统农业的产业形态升级改造，以及开发具有当地特色的生态农业，融合文化旅游等综合产业，已成为农村发展的首选思路。

在乡村振兴的大背景下，生态农业经济的发展意义深远且多维。

首先，在乡村振兴的过程中，生态农业经济是推动农村经济发展的必不可少的手段。我国农村的产业发展仍处于低水平阶段，农村经济的发展主要依赖于农业经济，而生态农业经济的发展能有效改变农业生产的方式，提升农产品的生产效益以及产品质量。同时，生态农业的发展也有助于改善农村的生态环境，实现农村社区的和谐建设。

其次，生态农业经济的发展是改善乡村环境的有效途径。随着农业生产规模的不断扩大，部分地区在农业发展中出现了过度追求经济效益的问题，导致环境破坏问题越来越严重。而生态农业的发展，则可以通过提升化肥的利用率，减少农药化肥使用过程中给环境带来的不利影响，保障农业生产环境的稳定性，使农村地区的环境更适宜居住。

最后，生态农业经济的发展也是实现乡村振兴的主要路径。要真正实现乡村振兴，需要将更多的新技术引入农业生产中，使农业生产系统更加和谐，实现农业的集约化经营，降低农业生产的成本，提升农民在生产过程中所能够获取的经济效益。这不仅可以提升农业生产的发展效益，还能帮助农民增收。通过生态农业的发展，可以实现对中国区域农业资源的更高质量的整合利用，充分利用生态系统的服务功能，提升农业生产的发展效益。

（二）乡村振兴背景下生态农业经济的发展关键

在乡村振兴的背景下，生态农业经济的发展关键可以从三个方面去解读。一是如何平衡环境保护与农业资源的高效利用之间的矛盾。二是科技的引领与技术的支持。三是生态农业生产系统的完善与适应。这三个关键领域相互影响，共同塑造了生态农业经济的发展。

环境保护与农业资源的高效利用之间的平衡，涉及人类社会发展与自然生态环境的关系问题。人口众多的中国，人均占有的农业资源远低于世界平均水平，然而，如何在保护生态环境的同时，提高农业生产效率和农民收入，仍是摆在我们面前的一项重大挑战。这需要调整农业生产结构，以集约化、规模化的方式开展农业生产，同时也要注重维护农业生态系统的稳定性和可持续性，从而在环境与经济之间找到一个合理的平衡。

科技的引领和技术的支持在生态农业经济的发展中占据重要地位。现代科技的应用可以提高农业生产效率，减轻对环境的负面影响，实现农业生产与环境保护的双赢。但是，目前在很多地区，农业生产者对于生物技术的重视程度仍然不够，这限制了生态农业的发展。因此，加强生物技术的研发和推广，提升农民的科技素质，引导农业生产者更好地利用科技提升农业生产效益，是推动生态农业经济发展的关键。

完善和适应生态农业生产系统也是生态农业经济发展的重要一环。虽然许多地区已经认识到了生态农业发展的重要性，但在具体实施中，由于忽视了地区特色和实际情况，导致生产系统的完善程度不够，进而影响了生态农业的发展效果。因此，根据不同地区的实际情况，建立合适的生态农业生产系统，是推动生态农业经济发展的又一重要环节。

（三）乡村振兴背景下生态农业经济的发展策略

在乡村振兴背景下，生态农业经济的发展主要可以从以下三个方面来入手：

1. 发展激励机制

为了刺激农业生产者的参与积极性，需要建立完善的生态农业经济发展激励机制。这需要对顶层制度进行科学设计，以满足市场调控的需要，并为生态农业经济的可持续发展打下基础。政府应该为生态农业的发展提供支持政策，其中最关键的是经济投入。例如，考虑到地方的实际情况，可以建立减免农业税、加大农田建设补贴、适度给予农业生产财政补贴等制度。对于生态农业经济的发展，可以根据地方的实际情况，积极优化生态农业发展激励政策，以使农民能够通过生态农业经营获得更多的收入，进而以更积极的态度投入生态农业生产过程。

2. 发展技术体系

要建立完善的生态农业经济发展技术体系，就需要充分利用传统农业技术的优势，同时合理地引入现代化的设备和技术。这需要建立完善的生态修复技术体系，针对盐碱地、有机污染土壤、沙地和重金属土壤进行改良和治理；同时，也需要建立完善的循环农业技术体系，对农业生产过程中产生的废物进行回收利用。此外，还需要建立完善的农业资源综合利用体系，如提高农药化肥的利用效率、保护土地、实施秸秆还田、合理使用生物防治技术进行病虫害防治等。最后，还需要建立完善的农业生产防控系统和监测系统，以确保农业生产过程中可能出现的各种灾害能得到迅速、高效的防控。

3. 发展生产系统

考虑到我国的广大地域和各地的土地资源情况的明显差异，发展生态农业经济必须考虑到各地的实际情况。这需要通过应用特色技术，建立完善的农业生产配套服务体系，以提高各地农产品的生产质量。各地区在农作物种植的过程中，需充分利用本地在自然条件方面的优势，优化农作物的种植结构，以构建更强生态化特点的种植体系。集约化农业生产的实现可以尝试通过构建农林牧复合型高效生态体系，利用不同类型农业资源之间的互补性。在保持生物数量平衡的前提下，各地区在构建区域养殖体系的过程中，要充分突出生态平衡的特点。同时，在执行农业设施工程施工的过程中，需最大限度地降低对环境的影响。这样，生态农业经济发展的积极效益才能得到有效保证，从而达成全面落实乡村振兴的发展目标。

4. 培育市场机制

在推动生态农业经济发展的过程中，市场机制的引导作用至关重要。农民合作社及各类农业企业在此中起着关键的作用。他们不仅可以帮助农民有效地进行资源配置，提高生产效率，同时也能够帮助农民接触到更广阔的市场，提高产品销售的收益。此外，公平的市场竞争环境也可以进一步刺激农民参与生态农业的积极性，推动生态农业经济的健康发展。

第二节　生态农业产品和服务的消费端发力

一、经济内循环的消费环节

（一）消费环节在经济内循环中的作用

我国经济在全球经济中的位置已经日益凸显，成为全球经济的重要引擎。其中，内循环经济的重要性不断增加，消费在这个循环中扮演着至关重要的角色，起着重要作用。这是因为消费在内循环经济中占据着需求端的主导位置，是推动经济增长的重要动力源。消费不仅反映了人们的生活水平和购买力，也直接影响着市场的供给，进而对整个经济体系产生重要影响。

消费的力量不仅体现在商品的买卖交换中，更体现在消费驱动下的产业链动态变化上。在内循环经济中，消费的增长和升级将会推动供给侧的创新和改造，从而促进整体经济的转型和升级。消费是市场需求的表现，消费的质量和层次直接影响到生产和服务的质量和层次。比如，随着消费者对产品质量、品牌、服务等要求的提升，企业必须不断提高产品和服务的质量和水平，否则将被市场淘汰。

消费是连接国内外市场、推动内外贸易平衡的重要桥梁。在全球化背景下，国内消费的增长不仅可以拉动国内市场的发展，还可以带动国外市场的发展。比如，随着我国消费市场的壮大，许多国外的品牌和企业纷纷进入我国市场，抢占我国的消费市场份额。这些国外品牌和企业的涌入不仅是对我国市场的挑战，也为我国经济带来了更多的机遇与活力。通过吸引外资、引入先进技术和管理经验，我国能够加速产业升级和创新发展，从而提升国内企业的竞争力，促进国内外贸易的互利共赢。这种开放与合作的态势不仅有助于满足国内居民多样化的消费需求，也在全球范围内促进了资源的有效配置，对于平衡国内外贸易、推动全球经济的稳定增长具有重要的作用。

消费也是国家宏观调控的重要目标和手段。政府通过财政、货币、税收等手段调控消费，以实现经济的平稳增长、物价的稳定、就业的增加等宏观经济目标。比如，政府通过减税、发放消费券等方式，刺激消费，拉动经济增长；通过调控货币供应，影响消费价格，保持物价稳定。

消费市场还是市场竞争的主战场。企业要在市场竞争中获得胜利，必须抓住消费者的需求，提供满足消费者需求的产品和服务。这就要求企业不断创新，提高产品和服务的质量，提升消费者的消费体验。只有这样，企业才能在激烈的市场竞争中立于不败之地。

然而，消费也面临着许多挑战。首当其冲的就是消费者权益保护问题。在商品和服务的交易中，消费者往往处于较弱的地位，其权益容易受到侵害。因此，加强消费者权益保护，维护公平、公正、透明的市场秩序，是当前和今后一段时期的重要任务。

（二）生态农业产品和服务消费

尽管面临许多挑战，国内生态农业产品和服务市场仍然在快速发展，这要归功于几个关键因素。这些因素包括消费者对健康和安全食品的需求增长、对生态农业产品市场的重视，以及对环保生活方式的关注。这种市场的发展趋势预计将在未来几年内持续下去，为生态农业产业带来更大的机遇和挑战。

首先，绿色有机食品数量在逐年增加，这反映了消费者对更健康、更安全食品不断增长的需求。据中国绿色食品统计年报，2020 年绿色食品企业发展到 16863 家，生产相关产品 8075 个。绿色食品市场的快速发展主要得益于消费者对健康和环保产品的追求。而有机食品市场同样也在快速发展，中国有机产品总销售达 99.9 万吨，总销售额达 804.5 亿元。这个市场的持续增长，预示着我国的生态农业产品和服务市场有巨大的潜力。同时，我国的中高收入人群正在增多，这部分人群往往有足够的经济实力和较高的文化素质，也具备较强的绿色环保意识，对消费品有着较高的品质需求，因而在这类人群中潜藏着一个巨大的市场。

其次，生态旅游业正在成为中国社会的热点话题。一方面，国家公园、森林步道、冰雪旅游等关键词成为社会热点。中国的国家公园是自然生态系统中最重要、自然景观最独特、自然遗产最精华、生物多样性最富集的区域，其中包括三江源、大熊猫、东北虎豹、海南热带雨林、武夷山等国家公园。这些公园为公众提供了亲近自然、体验自然、了解自然、享受自然的游憩场所。

另一方面，生态旅游业的繁荣也彰显了公众对生态服务的高度需求。环境友好的旅游方式，例如探索国家公园、徒步森林步道，都是大众追求健康、绿色生活方式的表现。自然资源丰富、生态环境优良的旅游目的地，为市民提供了亲近自然、体验自然的机会，满足了人们对美好生活的向往。

此外，近年各地生态旅游节会活动精彩纷呈，成为社会关注的热点话题。各省通过丰富的“节会活动”扩大了生态旅游产品的有效供给，推动了生态旅游高质量发展。还有户外露营的兴起，也体现了公众亲近自然的强烈愿望。露营既满足了人们享受大自然、慢生活的需求，也为亲子家庭提供了新的旅游体验方式。目前，我国露营地建设如火如荼，以期为有这类旅游需求的人群提供一系列以自然生态、健康活力为主打的营地生活方式。

总的来说，随着社会经济的发展和人民生活水平的提高，人们对生态农业产品和服务的需求持续增长。无论是绿色有机食品，还是生态旅游，都代表了人们对健康、绿色生活方式的追求。在此背景下，生态农业产品和服务必将迎来更广阔的发展前景。

二、生态农业产品和服务消费需求挖掘

对于生态农业生产者而言，理解和满足消费者的这些需求是他们在市场竞争中取得优势的关键。只有充分了解消费者的需求，才能开发出真正符合消费者期待的产品，从而实现企业的持续发展。

生态农业产品和服务的消费需求可以总结为安全需求、品种需求、便捷需求、环保需求、口感需求、新鲜需求、产品标准化需求和真实性需求。这八个方面构成了现代消费者对生态农业产品和服务的全面需求。

（一）安全需求

生态农业产品的安全性是消费者首要关注的问题。这种需求源于消费者对食品安全的深刻理解和对身体健康的关心。在有毒化学物质和过度使用化肥、农药的农产品严重影响食品安全的今天，生态农业就像一股清流，因其独特的环保和健康属性而备受欢迎。

消费者对生态农业产品的安全需求主要表现在对其种植过程的关注上。他们希望了解生产者是否使用了无害的有机肥料，是否对土壤和水源进行了适当的管理以保持生态平衡，是否遵循了自然的生长规律等。同时，消费者也希望生产者能在产品上提供透明和准确的标签，包括产品的来源、种植方式、采收日期等信息。这些信息能使消费者对所购买的产品有更全面的了解，提高他们的购买信心。

（二）品种需求

品种需求体现了消费者对产品种类和品质的追求。这种需求主要来源于消费者对不同蔬菜和水果营养价值和口感，以及对各种食材在不同烹饪方式下表现的认识。消费者希望能在市场上找到他们喜欢的产品种类，满足他们的个性化需求。

品种需求同时也对生态农业的生产者提出了挑战。他们需要研究消费者的消费偏好，进行精准种植，提供多样化的产品种类。这需要生产

者具备丰富的农业知识，掌握先进的农业技术以及拥有灵活的市场反应能力。

（三）便捷需求

现代生活节奏快，消费者希望购物过程简单快捷。这种便捷需求对生态农业的销售渠道提出了新的要求。生态农业的销售渠道不仅需要提供高质量的产品，还需要提供优质的服务，满足消费者的购物需求。

为了满足消费者的便捷需求，生态农业生产者和销售商需要优化他们的销售渠道。例如，通过建立在线购物平台，提供一站式购物体验，或者通过提供送货到家服务，节省消费者的购物时间和精力。这些方式不仅能提高消费者的购物体验，也能提高生态农业产品的销售量和市场份额。

（四）环保需求

随着消费者对环境保护意识的提高，环保需求成了他们选择产品的重要参考因素。他们希望购买的产品能够对环境产生最小的影响，同时也能对他们的健康产生正面的影响。

环保需求对生态农业产品的包装提出了新的要求。生产者需要尽可能减少包装材料的使用，或者使用可降解的包装材料，以减少对环境的影响。同时，生产者也需要提供环保的物流服务。例如，通过开设实体店，减少快递包装的使用，或者通过提供回收服务，减少包装废弃物的产生。

（五）口感需求

口感需求是消费者在选择农产品时的重要参考因素。这种需求源于消费者对食物口感和风味的独特追求，他们希望购买的产品能满足他们的口感需求，提供美妙的食物体验。

为了满足消费者的口感需求，生态农业生产者需要注重产品的口感设计。例如，对于水果，需要关注其可溶性固形物、口感糖度，以及风味物质；对于蔬菜，需要关注其风味物质。

（六）新鲜需求

消费者对农产品的新鲜需求是显而易见的。新鲜的农产品具有良好的口感和较高的营养价值，这些都是消费者所追求的。因此，将最新鲜的产品尽快送达消费者手中，就成了生态农业生产者面临的重要任务。

满足消费者的新鲜需求，首先需要生产者对物流环节进行严格的控制。这包括对产品的采摘、包装、运输等环节进行优化，减少在物流过程中的损耗，保证产品的新鲜度。其次，生产者还需要建立快速的配送网络，使产品在最短的时间内送达消费者手中。最后，生产者还需要提供一定的售后服务，保证消费者的购买体验。

（七）产品标准化需求

产品标准化需求反映了消费者对于产品质量的期待。他们希望能稳定地购买到品质一致的产品，这就要求生产者采用标准化的生产方式，保证每一个产品的品质都能达到一定的标准。

为了满足消费者的产品标准化需求，生态农业生产者需要建立和完善产品的生产标准，严格执行这些标准，保证每一个环节的操作都符合规定。这不仅可以提高产品的质量，提升消费者的购买信心，同时也能提高生产者的生产效率，优化资源的利用，最终实现经济效益和社会效益的双重提升。

（八）真实性需求

真实性需求是消费者对生态农业产品的基本期待。消费者希望购买到的产品是真实的生态农业产品，而不是一些虚假的或者掺假的产品。这是涉及消费者信任和生态农业产品市场能否持续健康发展的关键问题。

在满足消费者的真实性需求方面，行业的自律性和监管制度非常重要。生产者和销售商需要遵守相关的法律法规，坚决杜绝任何违规行为，维护市场的公平竞争环境。同时，政府也需要加大监管力度，打击假冒伪劣的行为，保护消费者的权益。

三、生态农业产品和服务营销策略

（一）借助电商平台

电商平台是一个将买家和卖家连接起来的在线市场，一个允许买家浏览和购买各种产品，同时也为卖家提供一个销售和推广产品的场所。这类平台对于生态农业产品和服务的营销策略具有深远的影响，因为它们提供了一种便捷的方式，将农业产品直接呈现给全球范围内的消费者。

在现代社会，电商平台的崛起在很大程度上改变了消费者购物的方式。通过借助电商平台，消费者可以方便地比较价格，查看产品信息，阅读其他消费者的评论，从而做出购买决策。这些平台的便利性和高效性使其在市场竞争中取得了显著优势。

对于生态农业产品和服务的营销来说，电商平台提供了一个新的营销通道。首先，电商平台可以使生态农业产品更快、更广泛地触达消费者。通过电商平台，生态农业产品可以跳过传统的销售渠道，直接进入消费者的视野，大幅缩短了产品从生产到消费的过程。其次，电商平台的数据分析功能可以帮助生态农业企业更好地了解消费者的需求，从而调整产品种类和销售策略。通过电商平台收集到的数据，企业可以了解消费者的购买行为、喜好、购物习惯等，从而精准定位市场，提升产品销量。最后，电商平台的互动性为生态农业企业和消费者之间的沟通提供了方便。企业可以通过在线聊天、用户评论、问题答复等方式，及时处理消费者的问题，提供售后服务，增强消费者的购物体验。

在我国，有许多电商平台在生态农业营销方面发挥了重要作用，如拼多多和抖音。拼多多充分利用电商平台优势助农兴商，推行“农地云拼”和“家乡好物直播”计划，有效汇集短时间内的同质需求，让产品“直达”消费者。同时，拼多多还通过制定系列农产品质量标准体系、发起“多多农研科技大赛”等方式，助力提升农产品的标准化程度和生产技术。

抖音在农业电商领域的作用越来越重要，它强大的内容传播和社区功能，可以帮助农民和农业企业推广他们的产品。抖音还推出了“新农人计划”和“富域计划”，投入大量平台补贴和专项扶持，帮助地方新农人和农货商家原产地开播，并辅以多元运营技能培训，从源头助力品质农货出村进城，促进地方农特产业发展。

然而，借助电商平台进行生态农业营销并非易事，企业需要考虑到很多因素。首先，如何在众多卖家中突出自己的产品，提升产品的可见度，是一个挑战。这需要生态农业企业有深厚的营销知识，才能制定出有效的营销策略。其次，如何保证产品的质量和服务，以满足消费者的需求，也是一个关键问题。这不仅需要企业有高效的生产和管理能力，还需要有良好的售后服务。此外，电商平台的运营成本也是一个不可忽视的问题。除了平台的入驻费和交易费，企业还需要投入大量的人力和物力，来维护店铺，处理订单，提供服务，这些都需要企业有足够的资源。

尽管面临着这些挑战，电商平台仍然是生态农业营销的一种有效手段。企业可以根据自己的资源和能力，选择合适的电商平台，制定出符合自己的营销策略。对于有志于进入生态农业市场的企业来说，掌握电商营销的技巧，无疑是它们成功的关键。

总的来说，电商平台为生态农业产品和服务的营销提供了新的可能性。随着电商平台的发展和消费者习惯的改变，电商营销将成为生态农业未来发展的重要方向。对于生态农业企业来说，如何有效利用电商平台进行营销，不仅是它们的挑战，也是它们抓住机遇的手段。

（二）打造“认养”模式

“认养”模式在近年来成为农业生态发展的一种新模式，这种模式结合了消费者对有机食品的需求，以及他们对体验农业生活的渴望。消费者可以自行耕种，体验农耕生活；或者也可以按照他们的要求，让农户代为种植，自己则远程监控自己所认养的农地上果蔬、禽畜的生长状况。“认养”农业被视为传统订单农业的众筹升级版，能够满足消费者对于品质农产品和生活体验的双重需求。

“认养”模式能够让消费者直接参与到农业生产过程中，让他们能够更直观地了解农产品的生产环境和质量，从而提升他们对产品的信任度；也能够帮助生态农业生产者提前确定销售渠道，降低生产风险。同时，认养农业模式还能够让消费者在享受高质量农产品的同时，体验到农耕生活的乐趣，增强他们对农业的热爱和尊重。

在打造“认养”模式过程中，首先需要建立起一套完善的认养系统，包括农产品的种植、养殖、采摘、包装、物流等各个环节，保证产品的质量和服务。其次，需要提供一种方便的方式，让消费者能够轻松地参与到认养过程中，比如通过网络平台，实现远程监控和管理。再者，需要定期组织各种农业体验活动，让消费者能够亲自下田，体验农耕生活。最后，还需要不断探索和开发新的认养领域，引导消费者需求，提供更多样化的认养选择。

例如，生态农业企业可以策划名为“认养一亩田”的营销活动，消费者可以通过企业提供的平台，选择想要认养的农田，然后按照自己的喜好，选择种植哪种农作物。在农作物生长的过程中，消费者可以通过网络监控系统，随时查看农作物的生长状况。当农作物成熟的时候，消费者可以选择亲自去生态农田采摘，或者由企业帮助采摘并寄送到家。在这个过程中，消费者不仅能够享受到新鲜的农产品，也能够体验到耕种的乐趣。

打造“认养”模式的成功关键在于不断提升其特色水平和升华客户需求。质量和服务是运营的基础，但这是每一个认真的企业都能做到的。只有特色才是增加用户依赖性和黏性的关键。这可能涉及独特的品种，如稀有的果蔬品种，或者是特别的体验，如个性化的种植计划，让消费者能够按照自己的喜好来定制农作物的种植。

在技术上，移动互联网、物联网等技术的发展为“认养”农业模式的实施提供了可能性。这些技术使得远程管理成为可能，也使得实时信息获取成为可能。例如，通过移动互联网，消费者可以随时随地查看农田的情况，也可以实时了解农作物的生长情况。而物联网技术则可以让农业生产者更加精准地管理农田，更好地满足消费者的需求。

总之，“认养”模式是一种满足消费者对于健康食物的需求，令其体验农耕生活乐趣，同时帮助农业生产者降低生产风险的营销策略。其在未来的农业生态发展中有着广阔的应用前景。这种模式的打造需要企业有一套精细的操作体系，从种植到养殖，从采摘到包装，从物流到体验，每一环都需要精心安排，并且需要不断地开发新的认养领域，满足不断变化的消费者需求，提供更多样化的认养选择。

（三）优化产品包装和营销环境

产品包装和营销环境是生态农业产品和服务营销策略的两个重要组成部分。产品包装不仅是产品在销售过程中的重要外观，而且也是传递产品价值、品质和品牌信息的重要载体。营销环境则包括销售场所的布局、装饰和氛围等，它往往直接影响着消费者的购物体验和购买意愿。

一方面，一个优秀的产品包装设计应该能够吸引消费者的注意，彰显产品的特性和品牌的独特性，同时也要考虑到实用性和环保性。例如，一家有机蔬菜生产公司为了宣传其产品的环保和健康理念，特别设计了一款由可降解材料制成的包装，包装上印有大量关于有机种植的信息和品牌故事。这样的包装既吸引了消费者的注意，又成功地传递了品牌的价值观和产品的特性，最终帮助产品在市场上取得了成功。

另一方面，营销环境的优化同样关键。优美舒适的购物环境能够提升消费者的购物体验，引发更强烈的购买欲望。举例来说，一家农特产品销售店铺，在店铺的设计上大量使用了木材和绿植，营造出一种亲近自然的氛围。店铺内部的布局也很考究，每一种产品都有专门的展示区，并配有详细的产品介绍和产地信息。同时，店铺还设置了体验区，消费者可以在那里品尝到新鲜的农产品，这大幅提升了消费者的购物体验和购买意愿。

对于优化产品包装和营销环境的方法，首先需要对产品和目标消费者有深入的理解。包装设计需要根据产品的特性和品牌理念来进行，同时还要考虑到消费者的审美和实用需求。营销环境的优化则需要考虑到店铺的位置、布局、装饰以及服务等方面，力求提供给消费者一种愉快、舒适的购物体验。例如，可以设置专门的农特产品售卖中心，增加居民的参与度，提高其收入；也可以联系知名厂家、销售商进驻，提供专业的、品牌化的、值得信赖的高质量且价格合理的特产售卖服务，这样就能消除消费者的购物疑虑，实现"一站式"购买农特产品。

例如，设立一家专注于生态农业产品的公司，其希望产品包装可以充分展现其对环保和可持续发展的承诺。这家公司可能会选择使用可回收或可降解的包装材料，并在设计上倾向于使用贴近自然的色彩和图案。包装上的文字信息不仅会详细列出产品的来源和生产方式，还会强调该公司的环保承诺和对消费者健康的关心。这种包装设计既能传达产品的特性，也能符合消费者对环保和健康的期待。

为了优化营销环境，一个生态农业商店可能会考虑店面的布局和装修风格。设计者可能会选择自然界元素如木材、石材和植物进行装饰，以创造出一种自然和谐的氛围。产品的展示也将尽可能地模拟农田环境，让消费者能够感受到产品的新鲜和自然。此外，店面还可能设立试吃区，让消费者可以尝试产品，从而增加他们的购买意愿。

由此可见，优化产品包装和营销环境是生态农业产品和服务营销策略的重要组成部分。这需要企业深入理解产品和消费者的需求，并通过创新的设计和优质的服务，提升产品的价值和消费者的购物体验。只有这样，生态农业产品才能在竞争激烈的市场中脱颖而出，赢得消费者的认可和青睐。

第三节 生态农业产品和服务供给端增长

一、经济内循环的供给环节

（一）供给环节在经济内循环中的作用

在国内大循环经济体系中，供给环节对于保持稳定的经济增长具有至关重要的作用。这种作用是多方面的，通过优化供给水平，提高供给质量和效率，以及优化供给结构，不仅可以有效支撑和推动国内大循环的持续运行，还可以为我国经济的健康、稳定和持续发展提供可靠的保障。

首先，优化供给水平主要通过提升商品供给质量和服务供给质量来实现。以商品供给为例，鼓励企业在产品研发、包装设计、市场营销等方面加强创新，可以帮助产品更好地满足消费者需求，提高消费者的购买欲望，进而推动经济内循环。如一个具有工匠精神的手工皮具品牌，借助于高质量的产品、独特的包装设计和精心策划的市场营销，赢得了消费者的高度认可和信赖，从而实现了销售的增长，推动了经济内循环。

其次，提升供给效率是畅通国内大循环的关键。通过推动流通引导生产和推动先进制造业与现代服务业的融合发展，可以有效提升供给效率，进一步推动经济内循环。以某家流通企业为例，其运用大数据、云计算等现代技术，精准掌握消费者需求，引导生产企业进行智能化、定制化的柔性生产，大大提高了商品和服务的供给效率，加快了内循环的速度。

最后，优化供给结构是为国内大循环提供保障的重要环节。通过优化进口品种结构和保障关键领域供给，能够保障经济内循环的稳定运行。以能源供给为例，我国正大力推进清洁能源的发展，提升核能、太阳能、风能等新能源供给比重，同时也加强了对石油、天然气等传统能源的自主供应能力，旨在保障国内能源供给的稳定，为经济内循环提供强大的支持。

（二）生态农业产品和服务供给

生态农业作为一种适应现代社会发展需求的农业发展方式，其产品和服务供给情况在日益凸显其重要性。一方面，随着社会对绿色、健康、可持续发展的需求不断提升，生态农业产品的供给已成为市场的重要需求。另一方面，生态农业服务的供给也对推动农业现代化、改善农村生态环境、提升农民生活质量等方面发挥着重要作用。

生态农业产品和服务供给主要包括生态农业产品如有机蔬菜、绿色水果、无公害畜禽产品等，其生产过程坚持无化肥、无农药、无转基因等绿色环保原则，尽可能减少对环境的负面影响，保证产品的健康、安全和高质量。生态农业产品供给面临的主要难题是供不应求。在当前，消费者对生态农业产品的需求日益增长，但由于生态农业生产成本高、技术要求严格、生产周期长等原因，生态农业产品的供给量难以满足市场需求。这种供需矛盾在一定程度上推高了生态农业产品的价格，影响了生态农业产品的市场扩展。

生态农业服务供给以生态农业旅游服务为主，生态农业旅游服务即以生态农业为载体，提供观光、体验、休闲、学习等旅游服务，如农家乐、采摘园、生态农业示范区等，为游客提供亲近自然、体验农耕文化、享受乡村生活的机会。除此之外，生态农业服务还包括生态农业技术服务、生态农业咨询服务和生态农业金融服务等。生态农业技术服务主要是通过提供生态农业生产技术、管理技术等，帮助农民提高生态农业生产能力和效率。生态农业咨询服务则是通过提供市场信息、政策咨询、项目申报等服务，帮助农民了解市场趋势，把握生态农业发展机会。生态农业金融服务则是通过提供信贷、保险、担保等金融服务，为农民解决生态农业发展中的资金问题。

生态农业服务供给的情况相对来说较为复杂。由于生态农业涉及的技术、资金、市场等因素较多，需要专业化的服务供给，但目前这些服务供给的能力和效率还有待提高。

然而，随着生态农业的发展和社会对生态环保的重视，生态农业产品和服务供给的状况正逐步改善。政府在政策层面给予了强力支持，如出台了一系列促进生态农业发展的政策，设立了生态农业发展基金，推动了生态农业科技创新和成果转化，提高了生态农业的生产效率和产品质量。同时，政府还积极引导社会资本投入生态农业，推动生态农业服务市场化，为生态农业提供更多、更好的服务。此外，互联网等新技术的发展也为改善生态农业产品和服务供给提供了新的可能，如电子商务、大数据、人工智能等技术在生态农业中的应用，有助于提高生态农业的生产效率，优化生态农业的供应链，扩大生态农业产品的市场，提升生态农业服务的效率和质量。

在未来，生态农业产品和服务供给的状况将进一步改善。一方面，生态农业的生产效率和产品质量将得到提高，生态农业产品的供给量和种类将进一步增加，满足市场对绿色、健康、可持续发展的需求。另一方面，生态农业服务的供给将更加专业化、市场化，更好地满足农民和社会对生态农业服务的需求。

二、生态农业产品企业供给力度提升路径

（一）发展生态农业产品深加工业

生态农业产品深加工业是指在对生态农业产品进行初步加工的基础上，通过现代化的工艺设备和技术，进一步提炼和精制，将其转化为易于储存、运输和使用，且附加值更高的精细化产品。如大米加工成高档大米、稻米油、米粉等，水果加工成果汁、果酱、罐头等。这一过程不仅能有效提高生态农业产品的经济价值，同时也延长了产品的保质期，提升了产品的附加值，更好地满足了消费者对优质、健康、方便的生态农业产品的需求。

发展生态农业产品深加工业是因其具有多重价值。首先，深加工可以大大提高生态农业产品的经济价值。生态农业产品经过深加工，可形成一系列的高附加值产品，显著提升产品利润，增加农业收入。其次，深加工能够扩大生态农业产品的市场需求，提高产品的市场竞争力。消费者的需求趋向于多样化、个性化，深加工产品能满足消费者对于食品安全、营养健康、便利快捷等方面的需求，从而开拓更大的市场空间。再者，生态农业产品深加工能有效解决生态农业产品季节性供应不稳定、易腐烂损耗等问题，实现产品的长期稳定供应，提升企业的经济效益。最后，生态农业产品深加工有利于提升农产品品牌的知名度和影响力，有助于打造特色优质的农产品品牌，促进农业产业的结构优化和升级。

在发展生态农业产品深加工业的实践中，首先要依靠政府建立和完善相关的政策环境，出台相关政策，如财税优惠政策、金融扶持政策、科技支持政策等，以促进生态农业产品深加工业的发展；同时，提高农产品加工技术和设备的现代化水平，引进和吸收国内外先进的加工技术和设备，提升生态农业产品加工的效率和质量。其次，生态农业产品企业要加强农产品加工的科研创新，研发新的产品、新的工艺，满足市场

对变化的需求，这样能保持农产品深加工产业的活力和竞争力。再者，建立严格的质量监控和追溯体系，以确保生态农业产品深加工的产品质量，这对于消费者信任和品牌塑造非常关键。最后，发展生态农业产品深加工业还需要加强与相关产业链的协同，形成集生产、加工、销售为一体的产业链。以产品为核心，通过对上游资源和下游市场的整合，形成封闭式的产业链条，以增强整体竞争力。对于生态农业产品的生产环节，需要注重品种优化，结合市场需求，以生产满足消费者需求的优质生态农业产品。对于销售环节，需要注重建立生态农业产品品牌，通过品牌建设、营销策划等方式，推动生态农业产品深加工产品的市场推广和销售。

（二）发展特色农产品

特色农产品是指在特定的地域、生态环境和人文条件下，具有独特品质和风味的农产品。这类产品在种植、养殖、加工等各环节都秉持着尊重自然、保护生态的原则。发展特色农产品，旨在提供差异化、多样化的农产品供给，从而满足消费者对个性化、多样化的消费需求，同时也能够有利于地方经济的发展和农业产业结构的优化。

特色农产品能满足消费者对高品质、有特色、富有地域文化色彩的农产品的需求。在现今消费者消费观念逐渐改变的背景下，消费者对农产品的需求不再仅仅满足于物质层面，而是更加关注农产品的文化内涵和精神价值。特色农产品正是满足了消费者这种新的消费需求。

发展特色农产品也有助于提升农业产业的附加值，推动农业经济的持续发展。特色农产品往往具有独特的品质和风味，因此在市场上具有较高的价值，可以帮助农业生产者获取更多的收益。

在具体实践中，生态农业产品企业要做好特色农产品的品种选育和种植技术的研究。选育出适应特定地域、生态环境的优良品种，是确保特色农产品品质的关键。同时，企业要掌握和运用科学的种植技术，以保证农产品的生产效益。

为此，可以仿照山东省的苹果产业发展模式。山东省是我国苹果产量最大的省份之一，苹果种植面积广大，并且品种多样。这里的苹果因其酸甜适口，口感脆嫩，营养丰富，深受消费者喜爱。为了提高苹果的市场价值，山东省发展起了特色苹果产业。他们选育了一系列适合本地环境的优良品种，比如红星苹果、红富士苹果等，这些品种的苹果品质优良，口感酸甜适口，深受消费者喜爱。同时，山东省也引进了先进的种植技术，采用科学的灌溉、施肥、病虫害防治等技术，提高了苹果的生产效率和品质。

山东省还致力于打造特色苹果的品牌。他们通过各种方式进行品牌宣传和推广，如举办苹果节，参加各种农产品展会等，提高了山东苹果的知名度。同时，山东省也建立起了严格的农产品质量监管体系，确保每一个出产的苹果都符合质量标准。

在这个过程中，山东省的苹果产业得到了快速的发展，苹果的市场价值也大大提高，为农民带来了丰厚的收入。同时，山东省的特色苹果也赢得了消费者的广泛认同，市场需求持续增长。

（三）加强生态农业产品企业建设

随着现代农业的发展，生态农业产品企业已经成为推动农业产业化、规模化、专业化的重要力量。对于生态农业产品企业而言，强化企业建设是提高其供给力度的重要方式。生态农业产品企业在市场开拓中发挥着关键作用，因此对其建设的进一步加强，显得尤为重要。

加强生态农业产品企业建设的必要性在于能有效地提升企业的技术水平和品牌力量，进而提高生态农业产品的市场竞争力。科技进步是提高生态农业产品质量、增强市场竞争力的关键因素。农业生产是一项技术密集型产业，需要应用大量的科学技术，包括生物技术、信息技术、环境科学等。尤其在生态农业领域，如何在保持环境友好性的同时，提高农产品的生产效率和质量，成为农业科技创新的重要课题。因此，加强生态农业产品企业的科技投入，无疑是提高企业生产效率和产品质量的有效途径。

然而，技术投入的加强并不能靠企业独立完成，需要政府在政策上给予适当的引导和支持。政府可以通过制定有利于科技创新的政策，如税收优惠、科技成果转化等，促进企业增强科技实力。例如，江苏省政府就曾通过一系列政策引导，成功地培育出了一批规模大、科技含量高、带动能力强的农业产业化龙头企业，这些企业通过科技创新，提高了农产品的科技含量，使其在市场上具有强大的竞争力。

在具体实践中，生态农业产品企业可以从以下几个方面来实施：

一是进一步优化种养业结构，以提高生产效率和产品质量。具体来说，可以根据各地的水土资源条件，调整优化农业区域布局，发展与当地资源环境相匹配的农产品种养业。比如在长江流域和黄淮海地区，可以优先发展大豆、油菜及花生等油料作物，这样既能够促进地力培肥和种养循环，又能保障生态环境的可持续性。

二是推行标准化生产，以提高产品的质量和安全性。可以制定和修订相关的农残留标准、生产技术标准等，规范生产行为，保障产品的质量和安全。例如，建立全程标准化生产的制度，鼓励龙头企业、农民专业合作社等规模生产经营主体按标准生产，提高农产品的质量和安全性。

三是发展生态健康养殖，以提高产品的质量和市场竞争力。例如，可以在养殖场试行兽用抗菌药使用减量化，创建国家级水产健康养殖示范场，重点发展池塘工程化、工厂化循环水养殖等生态健康养殖方式。

四是提高农产品质量安全水平，以提升产品的市场信誉和消费者信心。可以试行食用农产品合格证制度，建立生产者自我质量控制、自我开具合格证和自我质量安全承诺制度，加强绿色食品、有机农产品、地理标志农产品认证和管理。

三、生态农业旅游企业供给力度提升路径

（一）创新产品设计

生态农业旅游服务企业在提升供给力度的过程中，创新产品设计是其重要的战略路径。供给力度主要是指企业的生产能力和供应能力。在生态农业旅游领域，供给力度则体现在能否提供多样化、高质量的旅游产品和服务。创新产品设计可以帮助企业开发出符合市场需求的新产品，提高产品的竞争力，从而增加销售量，提高市场份额，增强企业的供给力度。

在创新产品设计过程中，生态农业旅游企业首先要研究市场需求，产品设计的初衷是满足市场需求。因此，企业需要通过市场调研等方式，了解消费者的需求和期望，以便设计出符合消费者需求的新产品。其次要创新产品形式，创新产品形式是提高产品竞争力的有效手段。企业可以通过引入新技术、新理念，改变产品形式，增加产品的吸引力。最后要提升产品价值，除了满足基本需求，现代消费者更加注重产品的附加价值，如环保、健康、舒适等。企业可以通过提升产品的附加价值，增强其竞争力。

如安徽黄山的龙山果蔬村是一家成功运用创新产品设计提升供给力度的生态农业旅游村。龙山果蔬村深入研究市场需求，了解到消费者对体验农活、品味乡村生活的强烈需求。因此设计出了“龙山果蔬采摘+农活体验+乡村观光”的旅游产品，成功吸引了大量游客。从这款旅游产品可以看出，龙山果蔬村创新了产品形式。在原有的果蔬采摘基础上，引入了生态观光、农事体验等新元素，丰富了产品内容，提高了产品的吸引力。此外，龙山果蔬村还着重提升产品的附加价值。通过建设湿地公园、植物园等设施，提供一种宁静、舒适的乡村环境，增加了游客的休闲体验。另一方面，他们积极推广绿色、生态的农业理念，强调其果

蔬产品的无污染、无添加的特性，提高了产品的健康价值，成功提升了其供给力度，赢得了市场的认可。

（二）提高服务质量

生态农业旅游服务企业在提高供给力度的同时必须充分关注服务质量的提升。高质量的服务不仅能满足游客的需求，提高他们的满意度，而且也能提升企业的口碑，从而增加游客的回头率和推荐率，进一步提升服务质量，从而提高企业的供给力度。提升服务质量的手段主要包括以下几个方面。

首先，定期开展服务质量评估是保证服务质量的关键。这包括对游客的满意度进行定期调查，以了解游客的需求和期望，评估现有服务是否能满足这些需求和期望，并根据调查结果对服务质量进行改进。例如，某生态农业旅游服务企业可以通过在线调查、电话访问或者现场访谈等方式，了解游客对于导游服务、餐饮服务、住宿服务、娱乐服务等方面的满意度，并据此进行服务质量的改进。

其次，定期对员工进行服务理念和技能的培训，也是提升服务质量的重要手段。服务质量的高低往往取决于员工的服务技能和素质。因此，企业需要通过定期培训，提高员工的服务技能，如礼貌待人、有效沟通、解决问题等；同时，也需要通过培训，传播企业的服务理念，如客户至上、优质服务等，以提高员工的服务素质。

最后，借助现代科技，创新服务模式也是提升服务质量的有效途径。例如，商洛农特产品在景区内实现了“O2O”的双向营销方式，通过建立景区农业产品营销的网络销售平台，开通网上特产商城，让游客在游玩的同时，也能方便地购买到农业特产，从而提供了更为便捷、舒适的购物体验。

（三）升级设施设备

在生态农业旅游业中，设施设备的质量和现代化程度对企业的供给能力有直接的影响。升级设施设备不仅可以增强旅游日的地的吸引力，提高游客满意度，也是提升企业供给力度的重要手段。

首先，设施设备是旅游服务的基础，其质量、种类和数量直接影响着游客的体验。例如，舒适便利的住宿设施，可以使游客在旅游过程中有良好的休息环境，从而提高他们的旅游满意度；又如多样化、新颖的娱乐设施，可以满足游客各种娱乐需求，提升他们的旅游体验。这些都可以使游客愿意再次选择该旅游目的地，从而提升企业的供给力度。

其次，设施设备的升级也是适应游客需求变化的重要手段。随着时代的发展，游客的旅游需求也在不断变化。例如，现代游客更注重旅游的个性化和体验性，因此，生态农业旅游服务企业需要投资建设个性化、体验性强的设施设备，如 DIY 手工体验区、自然观察区等，以适应这种需求变化。这样，不仅可以满足游客的新需求，提高他们的旅游满意度，也可以提升企业的供给力度。举例来说，一家生态农业旅游服务企业可以投资建设一系列的设施设备，如高质量的接待设施、娱乐设施、体验设施等——接待设施可以包括宽敞舒适的接待大厅、清洁整齐的洗手间、免费提供的饮水机等，娱乐设施可以包括各种户外运动设备、儿童游乐设备等，体验设施可以包括各种农业体验区、手工艺品 DIY 区等。这些设施设备的建设和升级，不仅可以满足游客的各种需求，提升他们的旅游体验，也可以提升企业的供给力度。

再次，设施设备的升级还可以包括信息化设备的升级。例如，生态农业旅游服务企业可以引入高科技设备，如 VR/AR 设备、智能导览设备等，以便提供丰富的信息化服务，增加游客的互动体验。比如，通过 VR/AR 设备，游客可以在虚拟环境中体验农田作业，不仅可以增加游客的趣味性和互动性，还可以让游客更深入地了解农业文化。智能导览设备则可以为游客提供方便快捷的导览服务，使他们在游玩过程中得到充分的信息支持。这些高科技设备的引入，既可以提升游客的旅游体验，也可以提升企业的供给力度。

最后，设施设备的升级还应注重环保和可持续性。例如，生态农业旅游服务企业可以在设施设备的选择和使用过程中，尽可能选择环保的、节能的设备，如太阳能热水器、LED 灯等。这样，既可以减少企业的运营成本，又可以减少对环境的影响，体现企业的社会责任。同时，设备的维护和更新也应注重可持续性，定期进行设备的维护和更新，确保设备的良好状态，提供优质的服务。

（四）建立和优化内部管理系统

内部管理系统是企业决策、执行、监控和调整各项活动的核心，是保证企业稳定、高效运行的关键因素。强大的内部管理系统能够提高企业的运行效率、降低运营风险、增强企业的适应性和竞争力，从而提升其供给力度。

为了建立和优化内部管理系统，生态农业旅游服务企业可以从以下几个方面入手：

1. 信息化管理

企业可以利用现代信息技术，如大数据、云计算等，建立起全面、高效的信息管理系统，实现企业信息的统一收集、处理和使用。例如，企业可以通过大数据技术收集和分析游客的消费行为、喜好等信息，以提供更加个性化的服务。

2. 人力资源管理

企业可以建立起科学的人力资源管理系统，包括招聘、培训、激励等各个环节，以保证企业拥有高素质的员工队伍。例如，企业可以定期进行员工培训，提升员工的专业技能和服务水平。

3. 风险管理

企业可以建立起全面的风险管理系统，以及时发现和处理各种运营风险。例如，企业可以设置专门的风险监测部门，定期进行风险评估，及时调整运营策略。

4. 品质管理

企业可以建立起严格的品质管理系统，确保其服务和产品始终保持高质量。例如，企业可以定期进行服务质量的检查和评估，及时调整服务策略。

5. 财务管理

企业可以建立起科学的财务管理系统，以实现财务的合理配置和高效使用。例如，企业可以设置专门的财务部门，负责资金的收支管理和预算编制。

建立和优化内部管理系统是生态农业旅游服务企业提升供给力度的重要途径。这需要企业具有长远的视野和科学的管理理念，密切关注市场变化，适时调整管理策略。只有这样，企业才能在激烈的市场竞争中立足，实现稳定、持续的发展。

第五章　生态农业经济参与国际大循环

第一节 国际贸易竞争与合作

一、国际贸易中的竞争与合作行为

在国际贸易中，竞争和合作行为同时存在，二者之间的平衡至关重要。理解这两种行为模式的内涵、动态关系以及如何在实践中寻求最佳平衡，对于各国以及各个商业实体在全球化的大背景下，把握国际贸易规律，优化经济行为，提升国际贸易竞争力，具有深远的理论和实践意义。

（一）国际贸易中的竞争行为

国际贸易中的竞争行为表现为各国或地区、各个企业之间为了争夺市场份额、客户群体、技术优势等而展开的竞争。这种竞争可以表现为价格竞争、质量竞争、技术竞争、服务竞争、品牌竞争等形式。

1. 价格竞争

在国际贸易中，价格竞争指企业通过调整产品价格来争取市场份额和竞争优势的行为，主要表现为降低价格、采用价格折扣策略等，甚至可能引发价格战。这种行为的出现通常是因为同质化产品多、市场竞争激烈以及消费者对价格敏感。然而，过度价格竞争可能导致企业利润受损、质量和服务被忽视，且这种竞争行为难以持续。

2. 质量竞争

质量竞争是企业通过提高产品的品质和性能来争夺市场份额的一种竞争方式。通过不断改进产品设计、制造工艺和质量管理体系，企业可以提供更可靠、耐用和高性能的产品，满足消费者的需求和期望。在国际贸易中，优质产品往往能够赢得消费者的青睐，建立良好的声誉和品牌形象，从而在激烈的竞争中脱颖而出。

3. 技术竞争

技术竞争是企业通过不断地创新和研发新技术、新产品来获取竞争优势的一种形式。在国际贸易中，技术的创新和应用能够为企业带来市场上的差异化和领先地位。通过投资研发，企业可以提升产品的技术含量，改善生产效率，降低成本，并满足消费者对新颖、高效等产品属性的需求。

4. 服务竞争

服务竞争是企业通过提供优质的售前、售中和售后服务来赢得消费者的信任和忠诚度。在国际贸易中，消费者对于产品质量和性能的要求越来越高，而优质的服务能够提供额外的价值和差异化优势。通过建立完善的客户服务体系、及时响应客户需求、提供个性化的解决方案，企业可以赢得消费者的满意度，并建立长期的合作关系。

5. 品牌竞争

品牌竞争是企业通过建立和推广自己的品牌形象来提升市场竞争力的一种方式。通过品牌建设，企业可以塑造独特的品牌形象和价值观，赢得消费者的认可和忠诚度。在国际贸易中，品牌知名度和声誉对于产品的市场占有率和溢价能力具有重要影响。通过有效的品牌管理和营销策略，企业可以在竞争激烈的国际市场中脱颖而出。

（二）国际贸易中的合作行为

国际贸易中的合作行为表现为各国或地区、各个企业之间为了实现共同的目标（如市场扩张、技术进步等）而展开的合作。这种合作可以表现为资源共享、技术交流与合作、联合研发、市场开发与合作、跨国合资与合作等形式。

1. 资源共享

资源共享是国际贸易中常见的合作形式。企业可以通过共享生产设施、供应链资源和人力资源等来实现合作。通过资源共享，企业可以共同利用现有的设施和资源，减少重复投资和浪费，从而降低成本和提高效率。例如，多个企业可以共同使用一座工厂或物流中心，共享设备和仓储空间，从而实现规模经济效应。此外，企业还可以共享供应链资源，如合作采购原材料、共同物流配送等，以降低采购成本和提高供应链的灵活性。另外，人力资源的共享也可以帮助企业共同解决人力资源的短缺和技能匹配的问题，例如共同雇用专业人员或共享培训资源。

2. 技术交流与合作

技术交流与合作是促进企业创新和技术进步的重要方式。企业之间可以通过技术交流、合作研发和共同创新项目来共享技术资源和知识。这种合作可以包括技术交流会议、联合研究项目、技术许可和专利交叉许可等形式。通过技术交流与合作，企业可以共同攻克技术难题、共享研发成果，加快技术进步和产品创新的速度。例如，不同企业可以共同开展研究合作，共享各自的专业知识和技术实力，从而推动新技术的研发和商业化应用。

3. 联合研发

联合研发是企业之间共同投资和合作进行研发活动的一种形式。通过联合研发，企业可以共同投入资金、人力和技术资源，以实现技术突破和创新。这种合作形式可以减轻单个企业的研发风险和负担，加快新产品的研发进程。联合研发可以在各个领域展开，例如新药研发、高新技术产品研发、新材料研发等。通过共享研发资源和成果，企业可以获得更高的研发效率和更好的市场竞争力。

4. 市场开发与合作

市场开发与合作是企业共同拓展市场份额和进入新市场的合作形式。企业可以通过共同市场调研、合作推广活动和市场分工等方式来开拓市场。合作伙伴可以共享市场信息、客户资源和销售网络，从而提高市场覆盖能力和市场渗透率。例如，两个企业可以联合开展市场调研，共同了解目标市场的需求和竞争情况。另外，企业还可以共同开展合作推广活动，例如联合举办展览会、合作营销推广等，以提高品牌知名度和市场认可度。

5. 跨国合资与合作

跨国合资与合作是企业在国际贸易中进行合作的一种方式。通过合资，企业可以共同投资于境外市场，分享风险和收益。合资可以涉及各个领域，包括生产制造、销售渠道、研发和创新等。合资可以帮助企业降低进入新市场的风险和成本，共享市场知识和资源，加速市场拓展的速度。另外，企业还可以通过合作的方式在国际贸易中进行合作，例如共同开展产品研发、生产合作、市场推广等。通过合作，企业可以充分发挥各自的优势，实现资源互补和合力效应，共同实现商业目标。

这些合作行为在国际贸易中能够带来多方面的好处，如降低成本、提高效率、拓展市场、分享风险、加速创新等。通过合作，企业可以共同实现某个目标，并在激烈的国际竞争中获得优势。

二、国际贸易竞争与合作的关系

在现代国际贸易中，竞争与合作是紧密相关且相辅相成的。企业之间往往既存在竞争关系，又具有合作的必要性。竞争可以激发企业创新、提高质量、降低成本，提升在国际市场上的竞争力。而合作可以使企业共享资源、降低风险，提高在国际市场上的生存能力。竞争与合作相结合，形成了一种“竞合”的态势，这一现象在现代国际贸易中变得愈加显著。

需要明确的基本事实是，竞争在国际贸易中具有重要作用。国际市场的竞争激励企业不断创新，提高产品质量和性能，以满足消费者的需求。竞争迫使企业不断改进和优化自身的生产过程，降低成本，提高效率。竞争还促使企业寻找市场差异化和竞争优势，通过定价策略、营销手段等方式争夺消费者的青睐。竞争激励企业不断挑战自我、超越对手，为国际贸易的发展带来了积极的推动力。

然而，仅有竞争是不够的。在激烈的国际市场中，企业需要充分利用合作的机会，以提高自身在国际贸易中的竞争力。合作可以使企业共享资源和知识，降低开发新市场和新产品的风险。通过技术交流、联合研发和合作创新，企业可以减少研发成本，缩短产品上市时间，更好地满足市场需求。此外，合作可以提高企业的市场覆盖能力，扩大销售渠道，提高产品在市场中的知名度和认可度。通过合作，企业可以集中资源、优势互补，形成协同效应，实现共同的利益最大化。

在宏观层面，国家或地区也开始寻求在竞争中合作，实现共赢。自由贸易协定（FTA）的签署是一种重要的合作形式。FTA 降低贸易壁垒，促进商品和服务的自由流动，扩大市场规模，为企业创造更大的商机。通过 FTA，各国可以分享市场机会和发展红利，实现经济的快速发展。同时，FTA 也会促使各国在贸易中进行激烈竞争，提高自身的产业结构和经济效率，以应对全球化竞争带来的挑战。

竞争与合作之间的平衡是参与国际贸易的企业和国家所面临的挑战。在国际贸易中，企业需要根据自身实际情况和市场需求，在竞争与合作之间找到最佳的平衡点。竞争的激烈性推动企业不断进步和创新，但过度竞争可能导致资源浪费和市场破碎化。因此，企业需要在竞争中保持理性，寻找差异化竞争优势，避免陷入恶性竞争的陷阱。与此同时，企业也需要识别合作机会，寻找与其他企业的互补性和共同利益，实现资源共享、风险分担和合作创新。对于国家或地区而言，需要通过制定合理的政策和法规，激励企业竞争和合作的良性发展，以实现经济的可持续增长和国际竞争力的提升。

因此，在现代国际贸易中，竞争与合作是不可分割的。竞争推动企业创新和进步，而合作带来资源共享和风险分担。通过找到竞争与合作的最佳平衡点，企业和国家能够更好地应对国际贸易的挑战，实现共赢和可持续发展。

三、国际贸易发展助力国际大循环

“双循环”是我国的新经济发展模式，其中，“国际大循环”主要涉及的是国际贸易和国际投资等外部经济活动。国际贸易在持续的竞争与合作中，保持发展，这种发展力也是推动“国际大循环”的重要驱动力，在推动“双循环”中的“国际大循环”时发挥着关键的作用。

（一）扩大出口，拉动经济增长

国际贸易的发展对于国家经济增长具有重要的影响，其中扩大出口是一个关键的方面。国际贸易的扩大意味着企业可以将产品和服务销售到更广阔的国际市场，从而创造更多的经济收入。这不仅可以直接增加出口企业的盈利，还可以带动相关产业的发展，从而促进整个经济的增长。

首先，扩大出口可以增加国家的外汇收入。国际贸易的扩大意味着国家可以通过出口获得外国货币，增加外汇储备。外汇储备的增加可以提高国家的支付能力和信用度，有利于国家进行国际支付、投资和借贷等活动。同时，外汇收入也可以用于国内的进口需求，满足国内居民和企业对于外国产品的需求，促进国内市场的繁荣。

其次，扩大出口可以带动相关产业的发展。出口需要依赖一系列的供应链和产业链，包括原材料供应商、零部件制造商、物流运输等。扩大出口会增加对这些产业的需求，激发其发展和增加就业机会。以我国为例，我国的电子信息产业、纺织服装产业、机械制造业等，都是通过出口带动产业发展，推动了相关产业的技术升级和提高竞争力。这些产业的发展又反过来促进了国内的经济增长和就业机会的增加。

最后，扩大出口还可以促进国际分工和资源配置的优化。不同国家具有不同的资源和优势，通过国际贸易，可以将资源和产能配置到最优的地方。这样可以提高资源的利用效率，降低生产成本，使全球经济获得更大的效益。国际贸易的发展可以促进各国之间的合作与互惠互利，形成国际大循环，促进全球经济的增长和繁荣。

（二）引进先进技术和管理经验

国际贸易的发展为国内企业提供了机会，使其能够接触到更先进的生产技术和管理经验。这种技术和经验的引进对于企业的发展具有重要意义，可以帮助企业提高生产效率、产品质量和创新能力，从而增强在国际市场中的竞争力。

首先，国际贸易可以促使企业引进先进的生产技术。通过国际贸易，企业可以接触到来自不同国家和地区的先进技术和工艺，了解并学习先进的生产方法和工作流程。这种技术的引进可以帮助企业提高生产效率、降低生产成本，并生产出更具竞争力的产品。例如，我国的制造业企业在国际贸易中引进了先进的自动化生产线、智能制造技术等，提高了生产效率和产品质量，进一步提升了在国际市场中的地位。

其次，国际贸易也带来了先进的管理经验。国际市场的竞争激烈，要求企业具备高效的管理和运营能力。通过国际贸易，企业可以学习和借鉴其他国家和地区的管理经验，了解先进的管理理念和方法。这包括生产管理、供应链管理、质量管理、营销和销售管理等方面。通过引进先进的管理经验，企业可以提升管理水平，优化业务流程，提高组织效能和员工的综合素质。例如，一些我国企业在国际贸易中学习了国外企业的市场营销策略和服务理念，改善了自身的销售和客户服务能力。

最后，国际贸易还可以促进企业的技术创新和研发能力的提升。通过与国际市场的接触和竞争，企业面临着不断提高产品质量和技术水平的需求。为了在国际市场中立于不败之地，企业需要进行技术创新和研发投入。国际贸易可以为企业提供更广阔的市场需求和反馈，为企业的创新提供动力和支持。同时，通过与国外企业进行技术合作、建立研发联盟等形式，企业可以共享研发成果和资源，加快技术创新的速度。例如，一些我国企业通过与国外企业的合作，加快了新产品的研发和上市速度，提高了自身的创新能力和技术竞争力。

（三）推动产业结构升级

国际贸易的发展对于推动产业结构的升级具有重要的作用。通过参与国际贸易，企业必须不断提升产品的质量、技术含量和附加值，以适应国际市场的竞争和需求。这种竞争压力和市场需求的变化促使企业向更高端、更具附加值的产业领域发展，从而推动产业结构的升级和转型。

首先，国际贸易推动企业向更高附加值的产业转型。随着国际市场需求的变化和技术进步的推动，传统产业面临竞争压力和结构调整的需要。国际贸易为企业提供了拓展市场和寻找新的商机的机会，使企业有动力向更高附加值的产业领域发展。企业在国际贸易中通过学习和引进先进技术、加强创新能力，不断推动产品和服务的升级。例如，我国在国际贸易的推动下，逐渐由传统制造业向高技术制造业、服务业和创新型产业转型，实现了产业结构的升级和转型。

其次，国际贸易为企业提供了与国际合作伙伴进行技术合作、研发联盟和产业链合作的机会，共同开展创新和研发活动。这种合作形式促进了不同企业之间的资源共享和优势互补，推动技术创新和产业升级。通过与国际伙伴的合作，企业可以引进先进的技术和管理经验，加速产品创新和技术转型的进程。这种技术合作和创新合作不仅有助于企业提高竞争力，还促进了整个产业链的升级和创新。

最后，国际贸易的发展还促使企业加强人才培养和提升员工素质。国际市场的竞争和需求变化要求企业具备高素质的人才队伍，以便应对复杂的市场环境和竞争压力。企业通过参与国际贸易，与国际市场接轨，可以接触到先进的管理理念和经验，提高人才培养的标准和质量。企业还能通过人才培训和技能提升，提高员工的专业素养和创新能力，为产业结构的升级提供人才保障。

（四）促进外部环境的优化

国际贸易的发展对于促进外部环境的优化具有积极的作用。通过外贸政策的调整、资源的有效配置，以及环境保护意识的提升，国际贸易可以引导企业朝着环保、节能和可持续发展的方向发展。

首先，国际贸易可以通过外贸政策的调整，推动企业向环保和节能方向发展。国家可以制定鼓励环保和节能的政策，例如给予减税、补贴和奖励等优惠政策，以鼓励企业采用环保技术和绿色生产方式。这样可以促使企业减少对环境的污染和资源的浪费，降低碳排放，实现可持续发展。同时，国际贸易也可以通过贸易协定和环境标准的设定，促使企业遵守环保和可持续发展的要求，提升企业的社会责任感。

其次，国际贸易的发展可以促进资源的有效配置和利用。不同国家和地区具有不同的资源禀赋和优势，通过国际贸易，可以实现资源的跨国流动和优化配置。这有助于减少资源的浪费和过度开发，实现资源的可持续利用。例如，一些资源丰富的国家通过出口资源，在国际市场上获取经济收入，同时也促使其加强资源保护和可持续开发，以保证资源的长期利用。

最后，国际贸易也可以促进环境保护意识的提升。国际贸易的发展使得企业和消费者更加关注产品的环境友好性和可持续性。企业在面对国际市场的竞争时，会注重提高产品的环境标准和质量，以满足消费者对环境友好产品的需求。消费者也越来越重视购买环保和可持续发展的产品。这种环境保护意识的提升可以促使企业更加注重环境保护和可持续发展，推动企业向更加环保的生产方式和经营模式转变。

四、生态农业经济在国际贸易中的作用

国际市场对生态农业产品的需求日益增长。全球消费者对健康、绿

色、可持续的生活方式的追求，推动了对生态农业产品的需求的增长。这种需求的增长为我国生态农业产品的出口提供了广阔的市场。这不仅可以增加我国农产品的出口收入，推动我国农业生产者转向更环保、更可持续的生产方式。也可以提升我国在国际贸易竞争与合作中的地位。例如，我国的有机茶产品在国际市场上享有良好的口碑，这些产品的出口增加了收入，也使其成为我国的有力竞争产品。

（一）拓宽国际市场，增加出口收入

随着全球消费者对健康和环保产品的需求不断提升，生态农业产品在国际市场上的地位和影响力也日益增长。生态农业经济在国际贸易中发挥着重要作用，能够拓宽国际市场，实现出口收入的增加。

生态农业的发展可以提高农产品的质量和品牌价值，从而增强产品的竞争力。生态农业注重环保、可持续和资源有效利用，采用无化学农药和化肥的种植方式，致力于保护土壤和水源，减少环境污染。相比之下，传统农业所使用的化学农药和化肥可能对环境和人体健康造成危害。因此，生态农业产品在全球市场上受到越来越多消费者的青睐，尤其是那些关注食品安全和健康的消费者更倾向于选择这一类产品。生态农业的发展可以提高农产品的质量和营养价值，赋予其与众不同的优势，从而增加在国际市场上的竞争力。

生态农业经济可以促进国际合作，开辟新的贸易渠道。通过与其他国家和地区的合作，农产品生产者可以互相学习和交流经验，提升生产技术和管理水平。国际合作还可以打开新的贸易渠道，促进跨国贸易的发展。例如，通过与其他国家的合作，生态农业产品可以进入新兴市场，开辟新的销售渠道，进一步增加出口收入。此外，生态农业还可以促进农产品的多元化加工和附加值提升，进一步扩大出口规模和收益。

生态农业经济的发展还可以带动相关产业的发展，从而进一步拓宽国际市场。生态农业不仅涉及农产品的种植和生产，还包括相关的加工、

包装、物流等环节。随着生态农业的发展，相关产业链也会得到推动和完善。这将为相关产业提供更多的发展机遇，增加就业机会，进一步推动国际市场的拓展。

（二）为国际市场提供多样化的农产品供给

生态农业作为一种环保和可持续的农业生产模式，注重保护农业生物多样性，能够提供多样化的农产品供给。这些独特的农产品在国际市场上具有高附加值，也丰富了国际消费者的选择。

生态农业的发展能够保护和促进农业生物多样性。传统的农业生产模式往往依赖化学农药和化肥，导致土壤质量下降、生物多样性丧失。相比之下，生态农业采用自然的生态循环和生物控制方法，减少对环境的负面影响，有利于保护土壤、水资源和生态系统的完整性。通过生态农业的实践，农业生物多样性得以保护和恢复，种植的农作物和养殖的动物更具有适应性和多样性。这为国际市场提供了更丰富、更多样的农产品选择。

生态农业能够生产出传统农产品，满足国际市场的多样性需求。许多国家和地区拥有独特的农产品传统和资源优势。生态农业的发展可以保护和发扬传统农产品的特色和质量，使其在国际市场上具备竞争力。例如，我国的茶叶、中草药等传统农产品因其独特的品种、制作工艺和健康功效，在国际市场上享有盛誉。生态农业的推广和应用可以更好地保护这些传统农产品的品质和独特性，满足国际消费者对多样化、高品质产品的需求。

生态农业还能够培育和推广原产地特色产品。原产地特色产品指的是与特定地理区域和环境条件紧密相关的农产品，具有独特的品种、品质和口感。这些产品在国际市场上因其独特性和地域性而备受青睐。生态农业提供了一种可持续的生产方式，有利于保护和发展原产地特色产品。通过生态农业的实践，农产品的原产地特色得以凸显，为国际市场提供了更加多样化和特色鲜明的选择。

（三）推动全球可持续发展

作为一种环保和可持续的农业生产模式，生态农业注重资源的有效利用、生态环境的保护以及人与自然的和谐共生。

一方面，生态农业通过示范效应，激励其他国家和地区转向可持续发展。随着全球环境问题的日益突出，越来越多的国家和地区开始重视绿色发展和可持续农业。作为生态农业的先行者和成功实践者，我国在生态农业的发展上积累了丰富的经验和技术。通过国际贸易的渠道，我国的生态农业产品可以走出国门，向其他国家和地区展示我国的成功案例，激励并影响其他国家借鉴和采纳可持续农业发展模式。

另一方面，生态农业经济的发展可以促进全球农业生产模式的转型。传统农业生产模式往往依赖化学农药和化肥，对土壤和生态环境造成严重的污染和破坏。而生态农业通过采用有机耕作、自然肥料和生物防治等方法，减少化学农药和化肥的使用，保护土壤质量和生物多样性。生态农业的推广和应用，可以促使全球农业生产模式向更加环保和可持续的方向转变，减少对环境的负面影响，提升农产品的品质和安全性。

第二节　跨境电商与跨境物流协同助力

一、跨境电商

（一）跨境电商的内涵

跨境电子商务是一个日益发展的全球贸易领域，源于互联网技术对传统国际贸易的重新塑造。互联网使全球范围内的买卖双方都能实现线上交易，打破了地理、时区等传统的交易限制。与此同时，跨境电商的崛起也推动了跨境物流、跨境支付行业的同步发展，使得传统国际贸易逐渐向数字化、网络化、信息化的方向转变。

从广义上来看，跨境电商指的是所有通过互联网平台进行的、涉及两个或以上的国家或关境的交易活动。这包括了所有的购买和销售行为，无论是商业对商业（B2B），商业对消费者（B2C）还是消费者对消费者（C2C）。在这个框架下，跨境电商可以涵盖包括服务、知识产权等在内的各种类型的贸易。而狭义的跨境电商，更侧重于跨境零售电商，即商家通过互联网平台直接向其他国家或关境的消费者销售产品，以跨境物流完成商品的交付。

跨境电商包含了三个关键环节：交易环节、支付环节和物流环节。在交易环节中，卖方在跨境电商平台上发布产品或服务的相关信息，买方在平台上搜索符合自身需求的产品或服务的相关信息，两者相互匹配，信息交互，才能达成交易意愿。支付环节则涉及买方如何向卖方支付商品的款项，以及卖方如何收汇。这通常需要第三方支付平台的参与，以实现不同货币之间的兑换和转账。最后一个环节是物流环节，卖方需要通过跨境物流服务，将产品运送到买方的手中。这个环节可能涉及海关检查，只有当商品真正到达买方手中，整个交易才算完成。

（二）跨境电商的分类

跨境电商的分类可以从交易流向、交易主体、运营模式和服务类型等多个方面进行划分。

根据交易流向，跨境电商可以分为进口跨境电商和出口跨境电商。进口跨境电商是指将境外商品引入国内市场，以满足国内消费者对多样化商品的需求。而出口跨境电商则是指将国内商品销往海外市场，扩大我国商品的国际影响力。

根据交易主体，跨境电商可分为 B2B、B2C 和 C2C 三种类型。B2B

（Business-to-Business）跨境电商是指企业与企业之间的交易，适用于大宗商品的批量交易。B2C（Business-to-Customer）跨境电商是指企业与消费者之间的交易，满足个人消费者对特定商品的购买需求。C2C（Customer-to-Customer）跨境电商是指消费者与消费者之间的交易，适用于个人间的二手商品交易。

根据运营模式，跨境电商可分为平台式、自营式和综合式。平台式跨境电商是指第三方平台为买卖双方提供交易场所和服务，如亚马逊、eBay。自营式跨境电商是指企业自身直接面向消费者销售商品或服务，如海外直邮模式。综合式跨境电商则是综合了平台式和自营式的运营模式，既有自营商品，也引入第三方卖家。

根据服务类型，跨境电商可以分为信息服务、交易服务和综合服务。信息服务主要提供卖方产品或服务的相关信息，如阿里巴巴国际站等。交易服务提供全流程的交易服务，包括商品咨询、比价、下单、支付和物流配送等，如速卖通等。综合服务则提供通关、退税、保险、融资等一系列支持服务，如阿里巴巴一达通。

（三）跨境电商助力生态农业产品走出国门

跨境电商在助力生态农业产品走出国门的过程中起着关键作用，这是因为它提供了一个能够展示和销售生态农业产品的全球市场。传统的销售渠道可能由于地理、语言和文化差异等因素限制了产品的展示和销售。然而，跨境电商平台通过网络将世界连在一起，打破了这些限制。生产者可以通过互联网接触到全球范围内的消费者，而消费者也可以在任何时间、任何地点购买到他们需要的生态农业产品。跨境电商不仅能够将产品销售给远离传统销售渠道的消费者，还能够提供一个全球性的、服务 24 小时不间断的销售平台，这大大提高了生态农业产品的销售机会和销售额。

跨境电商平台使得生态农业产品可以直接面向全球消费者，显著改变了传统的出口模式。在传统的出口模式中，生态农业产品需要经过一系列的中间商运作，如出口商、进口商、批发商和零售商。这种模式可能会增加产品的价格，并降低其市场竞争力。然而，跨境电商平台将生产者和消费者直接连接在一起，省去了许多中间环节。这样不仅降低了产品价格，也提高了产品的市场竞争力。更为重要的是，这种模式也使得生产者可以直接了解消费者的需求和反馈，从而更好地改进产品和服务。

在跨境电商平台上，生产者可以详细展示生态农业产品的生态属性，包括无化肥、无农药、生物多样性、水土保持等优势。这些优势在今天的消费市场上是非常受欢迎的，因为越来越多的消费者开始关注食品的安全和质量，以及生产过程对环境的影响。通过跨境电商平台，生产者可以用图文、视频等多种形式展示他们的产品优势，让消费者可以更直观、更深入地了解产品的质量和价值。这样不仅可以提高消费者的购买欲望，也可以提升产品的品牌形象。

跨境电商平台为生态农业产品提供了全球化的销售渠道。通过这种渠道，生态农业产品不仅可以销售给国内消费者，还可以销售给全球消费者。这极大地拓宽了生态农业产品的市场，增加了其销售收入。全球化的销售渠道不仅可以帮助生产者找到新的市场和消费者，还可以帮助他们应对国内市场的风险和挑战，如季节性的需求波动、地区性的市场饱和等问题。

最后，跨境电商平台的存在，可以推动生态农业的可持续发展。随着全球消费者对生态农业产品需求的增加，生产者可以通过跨境电商平台增加他们的销售收入，进而提高生态农业的经济收益。这将鼓励更多的农业生产者转向生态农业，推动生态农业的可持续发展。此外，跨境电商平台也可以提供一个让生产者、消费者等可以共享信息、交流观点、协调行动，共同推动生态农业发展的平台。

（四）生态农业企业跨境电商平台选择策略

对于生态农业企业来说，选择合适的跨境电商平台是关键的举措。选择正确的平台不仅可以帮助企业更有效地推广和销售产品，还可以帮助企业更好地了解和满足全球消费者的需求。以下是生态农业企业在选择跨境电商平台时应考虑的一些策略。

首先，企业需要研究和理解目标市场。不同的市场中消费者有不同的需求和购买习惯，企业需要充分理解这些差异，并选择能够满足目标市场需求的跨境电商平台。例如，如果企业的目标市场是年轻的、注重健康和环保的消费者，那么企业可能需要选择那些注重产品质量和可持续性的电商平台。企业还需要了解目标市场的电商环境，包括主要的电商平台、竞争对手和消费者的在线购物行为等。

其次，企业需要评估不同电商平台的优点和缺点。每个电商平台都有其自己的特点和优势，企业需要对这些特点和优势有深入的了解。例如，一些电商平台可能提供强大的数据分析工具，帮助企业更好地了解消费者的购物行为和需求。一些电商平台可能有丰富的营销和推广资源，帮助企业提升产品的知名度和销售额。一些电商平台可能有优秀的物流和售后服务，提高消费者的购物体验和满意度。企业需要根据自己的具体情况和需求，选择最适合自己的电商平台。

再者，企业需要考虑电商平台的可持续性。作为生态农业企业，企业的产品和品牌形象往往与健康、环保和可持续性密切相关。因此，企业需要选择那些注重可持续性的电商平台。这些平台通常会对销售的产品进行严格的质量控制，以确保产品的质量和可持续性。他们也可能会提供各种工具和资源，帮助企业更好地展示自己的可持续性战略和实践。

此外，企业还需要考虑电商平台的成本和效益。选择电商平台往往需要投入大量的时间和资源，包括建立线上店铺、优化产品列表、开展在线营销活动等。企业需要评估这些投入是否能够带来足够的回报。在进行评估时，企业不仅需要考虑直接的销售收入，还需要考虑电商平台带来的其他效益，如品牌知名度的提升、消费者口碑的形成、市场份额的扩大等。

最后，企业需要定期评估和调整其跨境电商平台选择策略。电商环境是快速变化的，企业需要不断学习和适应这些变化。企业需要定期评估其在电商平台上的表现，包括销售额、消费者满意度、产品返回率等指标。如果企业在某个电商平台上的表现不佳，企业可能需要调整其策略，例如改进产品列表、提高营销效率、优化物流服务等。企业还需要关注电商行业的最新趋势和发展，如新的购物技术、新的消费者行为、新的电商平台等，以确保其策略的有效性和前瞻性。

二、跨境物流

（一）跨境物流的内涵

跨境物流是全球化贸易和跨境电商的核心环节，涉及将货物从一个国家运输到另一个国家的操作，涵盖运输、储存、装卸、分拣、包装、清关等多个环节，以及信息处理和其他增值服务。从本质上讲，跨境物流是一种涉及多国法规，具有高风险性、操作复杂性以及高成本性的物流活动。

在全球化的背景下，跨境物流的跨国性特点更加突出。由于涉及两个或更多的国家，它的操作过程需要遵守各国的货运法规以及关税规定，从而增加了其复杂性。这种跨国性还意味着，跨境物流需要处理不同语言、文化、货币等问题，这也增加了其复杂性和风险性。由于跨境物流涉及多国，自然会面临更多的不确定因素，如天气恶劣、货物丢失、到货延误等，因此具有较高的风险性。这种高风险性要求跨境物流必须具备灵活的应变能力，以便在面临不确定因素时，能够及时调整策略，保证货物的安全和准时交付。跨境物流还是一种复杂的物流活动，涉及的环节繁多，包括运输、仓储、装卸、分拣、包装、清关等，任何一个环节的失误都可能导致整个物流链的中断。这种复杂性要求跨境物流必须有良好的协调和管理能力，以确保整个物流链的顺畅运作。由于跨境物流涉及长距离运输以及复杂的程序，其运营成本相对较高。这种高成本性要求跨境物流必须具备高效的操作能力和优化的物流策略，以降低成本、提高效率。

在跨境电商中，跨境物流发挥了重要作用，为商品的跨国运输提供了便利，将商品安全、快捷、准时地送到买家手中；也为电商提供了商品的储存服务，通过建立海外仓库，可以缩短商品的交付周期，提高客户满意度；还通过物流信息系统，为电商提供了实时的信息服务，帮助电商实时掌握商品的运输情况，提高服务质量。

（二）跨境物流的模式

跨境电子商务物流是在全球化的背景下，与跨境电商紧密结合的一种新型物流模式。随着电商行业的高速发展，尤其是跨境电商的蓬勃兴起，跨境物流逐渐显现出其重要性。在这个环境下，选择最适合自身商品特性和需求的物流模式，是每一个跨境电商企业必须面对并解决的关键问题。

1. 国际快递模式

国际快递作为一种快捷高效的物流方式，被广泛应用于跨境物流中。其依赖于快递公司在全球范围内建立的物流网络，提供全程物流供应链管理，确保货物的及时、安全送达。其优点主要体现在运输速度快、服务专业、通邮范围广及稳定性好，能够满足客户对于时间要求较高的物流需求。然而，其缺点是运费相对较高，对托运物品的限制相对严格，因此，对于价格敏感或是货物特性复杂的电商卖家需要慎重考虑。

2. 邮政包裹模式

邮政包裹模式主要依赖于我国邮政的庞大网络体系，可以将包裹发送到世界上的绝大部分地方，满足了大多数跨境电商卖家的基本需求。其优点在于服务范围广、清关能力强、运费低廉，以及对托运物品重量的限制较低。但是，由于运输时间较长，且丢件的概率相对较高，对于货物价值较高或是有时间要求的电商卖家则需要权衡考虑。

3. 专线物流模式

专线物流模式以空运为主，将包裹集中运送到海外，再由合作公司将产品送达目的地。这种模式优势在于可以大规模集中运输货物，降低运输费用，相比于国际快递运费更低，且丢件率较低。其运输速度虽然不及国际快递，但却比邮政包裹要快许多，是对于需求效率和稳定性的电商卖家的理想选择。

4. 海外仓模式

海外仓模式是将货物提前储存在海外的仓库，然后在接到订单后直接在海外发货，这种模式避免了长时间的跨境运输，提高了物流效率。同时，还可以更好地避免清关问题，减少因清关导致的订单延误或失败。海外仓物流模式更适合销售周期长、销售稳定、对物流速度有较高要求的商品。其主要优势是快速派送、库存灵活管理和可以提高用户购物体验。但其劣势是需要较大的初始投入，包括货物预存、仓库租赁等费用，以及管理复杂，需要电商卖家对海外市场有较深的了解和适应能力。

5. 边境仓模式

边境仓模式是由海外仓库发展衍生而来的一种新型的跨境物流模式。边境仓和海外仓的区别主要表现在地理位置上的差异。海外仓是建立在卖家所处境外的商品存储仓库，而边境仓是建立在买家所处邻国的商品存储仓库。边境仓通常是在商品进口国的邻近边界上，将商品事先交付或建造，然后利用跨境电商平台进行商品陈列、浏览、下单、处理、支付和客服等一系列的业务，并在其线上完成货物的运送和配送。

根据不同的地理环境，边境仓可以划分成两种类型，一种是相对边境仓，一种是绝对边境仓。相对边境仓是指贸易双方所处国家并不接壤，仓储设在交易主体买家所在国家的相邻边境城市或地区，用于应付跨境电商交易所带来的跨境物流业务需求。绝对边境仓是指建在与目标市场国直接接壤的边境地区的仓库，它的存在能够辅助物流更高效地进行货物的中转与调配，快速响应市场需求，缩短运输时间和成本。边境仓模式能在一定程度上避免海外仓模式的风险，这是一种新兴的跨境电商物流模式，主要是为了应对贸易保护主义和跨境电商的发展。

6. 保税区或自贸区模式

保税区或自贸区模式是将商品通过国际货物运输事先送达保税区或自贸区的仓储中心，然后利用跨境电商平台进行商品陈列、流量、下单、处理、付款等活动，完成网上交易后，再由保税区或自贸区的仓储分拣、包装、发货，完成最终的物流活动。保税区和自贸区物流是集规模化、集货物流和本地化物流的优点于一体的物流，可以缩短物流配送时间，提高物流时效，降低物流成本，同时也能充分利用保税区或自贸区的资源。保税区或自贸区物流企业可以享有较好的政策和综合优势。比如亚马逊在上海自贸区设立的自贸区物流仓库，就充分利用上海自贸区作为跨境电商的仓储，引进了一条全球化的产品线，将货物提前送达自贸区的仓储，顾客订购后，货物就会从自贸区的仓储中心发货，这样就可以完成国际货物的集中运输、通关和检验。

（三）跨境物流助力生态农业产品销往海外

跨境物流在推动生态农业产品销往海外市场时起着关键作用。在全球化的背景下，随着消费者对高质量、有机和环保产品的需求不断增长，生态农业产品也越来越受到重视。作为一个涵盖了运输、储存、装卸、分拣、包装、清关等环节的综合服务，跨境物流极大地推动了生态农业产品的全球化发展。

生态农业产品具有季节性和区域性的特点，跨境物流以其专业的服务和高效的运营，为这些产品提供了迅速、安全的运输通道。这不仅协调了运输距离长、保鲜期限短的矛盾，而且保证了产品的新鲜度和质量，满足了全球消费者的需求。特别是对于易腐的生态农业产品，专业的保鲜和冷链物流服务可以确保产品在运输过程中的新鲜度和品质。

同时，跨境物流通过建立海外仓储，拓宽了生态农业产品的市场。它将这些高质量的产品直接储存到消费市场附近，消费者下单后，产品可以直接从海外仓库发货。这一方面提高了配送效率，满足了消费者对于时效性的需求；另一方面，也在很大程度上降低了物流成本，提升了产品的竞争力。

在全球市场上，跨境物流的专业服务更是无可替代。例如，它能利用现代信息技术，为生态农业产品提供从种植、收获、加工、包装、运输到销售的全程追溯服务。这一服务不仅增强了消费者对产品的信任度，也增加了他们的购买意愿。此外，跨境物流还为生态农业产品提供专业的跨境电商服务，使得这些产品能更方便地进入海外市场。而在面临复杂的国际海关检查时，跨境物流公司的丰富经验和专业知识，能够帮助产品快速通过海关，避免可能的延误。

跨境物流的发展进一步推动了国际贸易的自由化，打破了地域限制，使得生态农业产品能够跨越国界，进入全球市场。通过运用大数据、云计算等先进技术，跨境物流实现了物流信息的实时采集和分析，精细化管理了物流过程，提高了运输效率，降低了运营成本。这不仅为生态农业产品提供了有效的销售通道，也增强了其在全球市场的竞争力。

在全球化的今天，跨境物流的重要性日益凸显。它不仅为生态农业产品提供了便利的销售渠道，也为消费者带来了更多的选择。无论是对于生态农业产品的生产者，还是对于消费者，跨境物流都在促进生态农业产品市场的发展中起到了关键的作用。在未来，跨境物流将继续发挥其重要的作用，为生态农业产品销往海外提供更多的支持，推动全球生态农业的可持续发展。

（四）生态农业企业跨境物流选择策略

在跨境电商的物流领域，市场上的竞争愈演愈烈，买家的物流体验已成为众多商家努力竞争的目标，其中，物流配送时间的长短会对消费者的购买行为产生很大的影响。因此，生态农业企业要想在这一领域保持竞争优势，就需要注重物流模式的选择。

物流模式的选择，对于电商卖家具有极高的战略重要性。每一种物流模式都有其特点和适用场景，选择合适的物流模式，可以在一定程度上提高客户的购物满意度，降低物流成本，提升经营效率，最终促进电商企业的快速发展。

虽然国际快递、邮政包裹、专线物流、海外仓、边境仓、保税区和自贸区等各种物流模式都存在于市场中，但是，这并不意味着每一种模式都适用于所有的跨境电商企业。相反，不同的企业、不同的商品和不同的目标市场，都会对物流模式的选择产生影响。选择物流模式时，电商企业需要根据自身的具体情况和市场环境来做出合理的决策。

选择物流模式的过程中，生态农业企业需要全面考虑各种因素，包括物流成本、运输时间、货物特性、市场需求、政策环境等。对于运输时间要求高的商品，可以选择国际快递或者海外仓模式；对于运输成本敏感的商品，可以选择邮政包裹或者专线物流模式；对于需求稳定，对物流速度有较高要求的商品，可以选择海外仓模式或者边境仓模式；对于想充分利用自贸区或保税区政策优势的电商企业，可以选择保税区和自贸区物流模式。

随着技术的发展，未来的跨境物流模式将更加丰富多样，可能会出现一些全新的模式，如无人机配送、自动化仓库等。这将为生态农业企业提供更多的物流选择，同时也将对生态农业企业提出更高的要求。因此，生态农业企业应持续关注物流技术和模式的发展，以便及时调整自己的物流策略，适应市场变化。

三、跨境电商与跨境物流协同助力生态农业产品贸易

（一）跨境电商与跨境物流的相互作用

在全球化的电商背景下，跨境电商以其便捷、高效的特点，为卖方提供了无数的商机。人们可以越过地理界限，通过网络购买到世界各地的商品。然而，这一切的实现，离不开跨境物流的支持。跨境物流负责将电商平台上的商品安全、准时地送达消费者手中，是跨境电商的重要组成部分。正是由于跨境电商的需求，跨境物流得以发展，满足了消费者对于购物体验的期待。

同时，跨境电商的发展也带动了跨境物流的专业化发展。在跨境电商的推动下，跨境物流也随之不断提升其服务质量，满足消费者对于购物体验的追求。跨境物流公司需要利用现代信息技术，扩展其信息网络和物流网络，以满足跨境电商的需求。跨境电商的发展，为跨境物流带来了挑战，也带来了机遇。

跨境电商和跨境物流的相互作用是推动国际贸易变革的关键因素。跨境电商利用其便捷、高效的特点，越过地理界限，为全球消费者提供各地的商品。跨境物流则负责将电商平台的商品能安全、准时地送达消费者手中，满足消费者对购物体验的期待。这种相互作用为全球贸易体系带来了创新和变革。

然而，跨境电商与跨境物流在实现协同效应方面还面临一些挑战。首先，跨境电商的商品采购方式主要包括海外直采和商家入驻，两者都存在货源品质难以保证、难以追溯货源，以及假冒伪劣商品频现等问题。这些问题可能会影响消费者的购物体验，对电商平台的声誉造成负面影响。而且，由于买卖双方信息不对称和网络虚拟交易的特性，退换货问题在跨境电商交易中成为常态。然而，退货的物流成本和时间成本往往

需要买家自行承担，这使得在跨境电商中进行退换货变得困难。此外，逆向物流的成本可能严重超过商品的价值，使得企业在退货物流服务和跨境电商协同发展方面的重视程度不高。最后，跨境物流面临操作困难、风险较大的问题。跨境电商的产业链更长，涉及的主体更广泛，导致跨境物流周期较长。物流过程中可能出现海关扣关、运输货损、配送丢包等风险，这些都无形中增加了跨境电商的成本负担，制约了跨境电商的持续发展。

因此，要进一步推动跨境电商的高质量发展，必须加强跨境电商与跨境物流的合作协同效应。这需要建立有效的协同机制，充分整合物质资源和信息，提高跨境电商服务水平，提升消费者的购物体验。

（二）生态农业产品贸易跨境电商供应链

生态农业产品贸易跨境电商供应链是一种全球范围内的农产品供应链管理模式，以满足全球消费者对健康、安全、绿色的生态农业产品的需求。这种供应链结构的基本构成包括商品和供应商管理、营销和整体调控、物流管理、仓储管理等几个关键环节。

生态农业产品贸易跨境电商供应链的上游环节是商品和供应商管理。这主要涉及农产品的种植、收获、包装、质量检测和供应商选择等。在跨境贸易的环境下，对供应商的选择尤为关键，因为这涉及农产品的质量、价格、配送能力等方面的因素。对供应商的选择和管理，需要通过建立合适的采购、配送、付款流程，并对供应商提供的服务进行监控和改善。通过这种方式，我们可以确保供应链的稳定和农产品质量的高水准保障。

生态农业产品贸易跨境电商供应链的中游环节是营销和整体调控。在这一环节，电商卖家需要通过营销活动，保证销量，并通过整体调控，使供应链高效运行。营销工作不仅要吸引消费者，还要通过数据分析和市场预测，来制定有效的市场策略。整体调控工作则需要建立一系列的监控机制，来保证供应链的流畅运行。这需要大量的数据支持，通过数字化产品和时间的积累，实现数据决策。

生态农业产品贸易跨境电商供应链的下游环节是物流管理。物流环节涵盖了从供应商到消费者的全程，包括运输、仓储、分销等各个环节。由于农产品有易腐、季节性等特点，因此，物流管理尤为关键。

仓储管理是生态农业产品贸易跨境电商供应链的基础环节。无论是自建仓库还是利用第三方海外仓，都需要对仓库的货物进行实时的监控管理，以及利用供应链网络系统实时追踪物流和数据集中管理。

（三）生态农业产品贸易跨境物流供应链

生态农业产品贸易跨境物流供应链是一个集储存、分拣、包装、运输、通关等环节于一体的复杂系统，其最终目标是确保生态农业产品能够安全、及时、高效地从生产地运输到全球各地的消费者手中。

在生态农业产品的储存、分拣和包装环节，供应链管理系统需要保证生态农业产品的质量和新鲜度，这需要有专门的设施和技术来进行冷链物流管理。同时，也需要有高效的分拣和包装流程，以确保生态农业产品能够按照订单要求准确无误地进行配送。

在运输和通关环节，供应链管理系统需要选择最佳的物流方案，保证生态农业产品能够安全、及时地到达目的地。在这一过程中，可能需要利用人工智能、大数据等技术进行物流路线优化，以提高物流效率；同时，也需要对各国的通关政策和程序进行深入了解，以确保生态农业产品能够顺利通关。

在整个生态农业产品贸易跨境物流供应链中，信息化管理是贯穿始终的重要环节。通过建立智慧物流平台，可以实现信息、资金、流程的高效整合，使得供应链管理更为集约化和科学化，从而实现企业成本的降低，效益的提高，以及用户体验的提升。

（四）生态农业产品贸易跨境电商与跨境物流供应链协同

生态农业产品贸易跨境电商和跨境物流供应链的协同工作，是实现全球市场资源优化配置，保证生态农业产品安全、高效流通的关键。这两者的协同，涉及生态农业产品的采购、生产、包装、储存、运输、销售、售后服务等多个环节，形成了一个全面、立体的供应链生态系统。

从采购和生产环节看，生态农业产品的贸易跨境电商平台通过大数据分析和人工智能技术，可以准确预测市场需求，为采购决策提供依据，保证农产品的生产能够满足市场需求。而跨境物流供应链则通过物联网和云计算技术，对农产品的生产过程进行全程监控和管理，确保农产品的生态质量。这两者的协同工作，使得农产品从生产到采购的每一个环节都能够得到有效控制和优化。

从包装和储存环节看，生态农业产品的贸易跨境电商平台可以根据订单需求，制定具体的包装要求，以满足不同市场的消费需求。而跨境物流供应链则需要保证农产品的储存条件，以保证农产品的新鲜度和质量。这两者的协同工作，保证了农产品的包装和储存环节的高效运作，保障了农产品的品质。

从运输和销售环节看，生态农业产品的贸易跨境电商平台通过数据分析，可以制定最优的物流方案，以实现农产品的快速、准确、安全的运输。而跨境物流供应链则需要根据电商平台的物流需求，进行实际的物流操作，其中包括运输、通关等环节。这两者的协同工作，保证了农产品能够快速、安全地到达全球各地的消费者手中。

从售后服务环节看，生态农业产品的贸易跨境电商平台需要提供完善的售后服务，其中包括退换货、售后咨询等服务，以保证消费者的购买体验。而跨境物流供应链则需要配合电商平台，处理售后的物流问题，如退换货的物流安排等。这两者的协同工作，保证了消费者能够享受到高质量的售后服务。

在整个协同工作过程中，大数据、人工智能、云计算、区块链等新技术起到了重要的作用。这些新技术的应用，不仅提高了生态农业产品贸易跨境电商和跨境物流供应链的协同效率，而且提高了整个供应链生态系统的稳定性和可靠性。

大数据和人工智能技术可以对市场需求、农产品生产、物流运输等数据进行深度分析，为决策提供精准的依据。云计算技术可以实现跨地域、跨平台的数据共享，提高数据处理的效率和实时性。区块链技术则可以保证数据的真实性和透明性，提高整个供应链的信任度。

此外，生态农业产品的贸易跨境电商和跨境物流供应链的协同工作，也对企业的管理模式、业务模式带来了深远影响。企业需要根据全球化的市场需求，实现业务流程的全球化、标准化。企业也需要通过数字化技术，实现管理模式的智能化、精细化。

总的来说，生态农业产品的贸易跨境电商和跨境物流供应链的协同工作，构建了一个高效、安全、可靠的全球生态农业产品供应链生态系统。这一系统不仅保证了全球消费者能够享受到高质量的生态农业产品，而且为农产品生产者提供了广阔的市场空间，推动了全球农业的可持续发展。

第三节 发挥自由贸易试验区辐射效应

一、自由贸易试验区

（一）自由贸易试验区的内涵

自由贸易试验区（Free Trade Zone，简称 FTZ）是指在贸易和投资等方面享受比世贸组织有关规定更加优惠的贸易安排，在主权国家或地区的关境以外，划出特定的区域，准许外国商品豁免关税自由进出。实质上是采取自由港政策的关税隔离区。

从理论上来说，自由贸易试验区是一种在全球化背景下的开放经济政策的实践。自由贸易试验区在贸易和投资等方面享有较为优惠的政策条件，不仅包括关税优惠，还涉及行政审批、投资政策、税收政策等方面。这是基于自由贸易和市场经济理论，主张通过开放市场，推动贸易自由化，以促进经济的快速发展。

在实际运作中，自由贸易试验区的形式多样，其具体表现取决于各国或地区的经济发展水平、产业结构、政策目标等因素。广义上的自由贸易试验区包括自由港和转口贸易区，即不仅提供区内加工出口所需原料等货物的进口豁免关税，还包括贸易物流等服务，满足企业的转口贸易需求。狭义上的自由贸易试验区更多关注出口加工业务，主要提供原材料的关税优惠，以支持区内企业的加工出口业务。

自由贸易试验区的设立，是一种主动的开放策略，体现了一个地区或一个国家，面对全球化的态度和行动，包括主动吸引外资，改善营商环境，提升国际竞争力等方面。而对于进入自由贸易试验区的企业，这是一种有利的机遇——可以享受到更为优惠的政策环境，扩大市场，提高效率，同时也要面对更为激烈的竞争。

（二）我国自由贸易试验区的发展进程

自由贸易试验区是我国的重大开放战略。自2013年以来，我国的自贸试验区经历了快速而广泛的发展，特别是在引领国家开放型经济新体制的构建、优化营商环境、促进外贸稳定增长、推动服务贸易发展等方面起到了重要作用。

我国自由贸易试验区于2013年9月29日在上海正式成立。当时中国商务部和上海市人民政府共同提出了《中国（上海）自由贸易试验区总体方案（草案）》，后经过中国国务院审批后，在上海设立了首个自贸试验区。上海自贸试验区涵盖的区域达到了28.78平方公里，旨在推动贸易自由化和便利化、扩大开放领域和深化服务贸易开放。

2015年开始，我国的自由贸易试验区发展迎来了又一次扩充。国务院分别印发了关于广东、天津、福建自贸试验区的总体方案，进一步推进了我国自贸试验区的布局。这标志着自贸试验区从东部向西部、中部和南部地区扩展，我国开始尝试在更广泛的区域实施自贸试验区政策。

2017年，我国自贸试验区的发展再次取得重要突破。在这一年中，我国分别印发了辽宁、浙江、河南、湖北、重庆、四川、陕西这7个自贸试验区的总体方案。同时，习近平总书记在十九大报告中明确了对自贸试验区的高度重视，并鼓励赋予自贸试验区更大的改革自主权，探索建设自由贸易港。

2018年，我国在海南全岛建设自贸试验区，同时国务院印发了《关于支持自由贸易试验区深化改革创新若干措施的通知》，强调建设自由贸易试验区是全面深化改革和扩大开放的战略举措。

2019年，我国的自贸试验区数量再次扩充，新设6个自贸试验区，包括山东、江苏、广西、河北、云南、黑龙江。根据商务部数据，自贸试验区在吸收外资方面取得了明显的效果，实际使用外资同比增长20.1%。

2020年，我国又在北京、湖南、安徽设立了新的自贸试验区，并扩大了浙江自贸试验区的范围。至此，我国的自贸试验区基本涵盖了全国的主要经济区域，形成了全方位的开放态势。

2021年，中央全面深化改革委员会审议通过了《关于推进自由贸易试验区贸易投资便利化改革创新的若干措施》，为自贸试验区的改革创新提供了政策指引。

2022年，商务部表示：我国的自贸试验区在持续优化政策环境的同时，实际使用外资量达到了1198.5亿元，增长16.8%，以不到千分之四的面积吸引了近16.6%的外资，充分体现了自贸试验区的政策优势和开放引领作用。

回顾整个发展过程，我国的自贸试验区发展经历了从东部沿海向中西部、东北和南部的全方位扩展，涵盖了全国的主要经济区域。这种开放和改革的步伐不仅提升了中国的开放度，也为推动全球贸易自由化、促进全球经济一体化提供了重要的实践经验和理论支持。

（三）自由贸易试验区的辐射效应

辐射效应在物理领域中，通常被理解为辐射和物质之间的相互作用。这包括所有的射线，无论是带电的或不带电的，无论是粒子还是电磁波，都有能力与物质进行相互作用。这种交互作用可能导致辐射部分或全部被物质吸收，或是穿透一定厚度的物质。这种物理现象，被称为辐射效应，是对辐射物理和辐射防护学等领域研究的重要基础。

然而，辐射效应的概念并非只在物理领域具有重要意义，在经济学中也有着重要的应用。在经济学中，辐射效应描述了以城市为中心的经济发展现象。一座城市作为经济发展的中心点，可以通过其强大的经济、文化、科技、教育、人才等资源优势，带动周边农村或者其他城市的经济、文化、教育和科技等方面的发展。这种从城市向周边地区的经济影响力，就是经济学中的“辐射效应”。

在我国，自由贸易试验区的设立，旨在以此作为试点，进行各种经济政策的创新和试验，以推动国内贸易和经济的发展。同时，通过自由贸易试验区的设立，可以吸引国内外的投资，促进当地甚至周边地区的经济发展。

自由贸易试验区的辐射效应主要通过以下几种方式体现。

首先，自由贸易试验区的政策创新和开放度，可以带动周边地区的经济改革。试验区中的各种政策创新，包括关税的减免、更为自由的贸易环境、更加便利的投资环境等，都能吸引大量的企业和投资者前来投资，进而促进当地的经济发展。同时，试验区的成功经验也可以作为其他地区进行经济改革的参考，推动全国范围内的经济改革。

其次，自由贸易试验区可以提升周边地区的经济水平。由于试验区可以吸引大量的企业和投资者，因此可以直接提升当地和周边地区的经济水平。同时，试验区的设立，也会带动周边地区的基础设施建设，例如交通、电力、通信等，进一步提升地区的经济水平。

最后，自由贸易试验区的设立，也能推动当地和周边地区的人才流动。试验区的开放政策和优越的经济环境，会吸引大量的人才前来就业或创业，进一步提升当地的人才水平。同时，这些人才的流动，也会对周边地区的人才培养和人才流动产生影响，推动整个地区的人才发展。

二、自由贸易试验区在构建国际循环中的角色

在全球经济格局中，自由贸易试验区扮演着重要的角色。一方面，自由贸易试验区的设立，有利于提高该地区的吸引力，从而吸引外国资本的入驻，而后进一步推动该地区的经济发展。另一方面，自由贸易试验区的设立，也有利于推动全球贸易自由化，打破各种贸易壁垒，促进全球经济的更为广泛的交流和合作。自由贸易试验区是全球经济一体化的重要推动者，它能全面深化改革和扩大开放，通过构建国际大循环体系，推动我国经济走向更高质量的发展。

（一）自由贸易试验区是全面开放新引擎的实践者

自由贸易试验区是我国推进全球化进程中的重要载体，具有重要的战略意义和重大的实践价值。作为全面开放新引擎的实践者，自由贸易试验区在构建国际大循环中扮演着重要角色。

在全球化的大背景下，自由贸易试验区成为推动我国经济发展的重要平台。自由贸易试验区以市场为导向，以国际规则为准绳，通过制度创新、开放优化，积极参与国际经济循环。自由贸易试验区的出现，推动了我国经济深入融入全球化进程，实现了我国市场与世界市场的有机接轨。

自由贸易试验区作为国际贸易和经济合作的重要场所，直接影响着国际大循环的形成和发展。自由贸易试验区以实验性、创新性政策为主导，打造开放、包容、便利的商业环境，为全球经济增长提供了新的驱动力。试验区内的一系列政策措施，包括自由进出口、货币兑换、贸易便利化等，都有利于进一步放宽市场准入，提升服务贸易水平，推进国际大循环。

自由贸易试验区通过制度创新，建立起与国际接轨的商业运作模式，推动国内外经济的有效融合。试验区坚持以市场为导向，坚决打破各种行政干预和市场壁垒，提升内外资企业平等竞争的机会，吸引外资、外贸，引导国内经济深度融入国际经济循环。

同时，自由贸易试验区逐步提升了我国在全球经济格局中的影响力，为我国在全球经济舞台上扮演更为积极的角色提供了有力支撑。试验区的开放政策和开放环境，吸引了大量外商投资和贸易活动，增强了我国的经济实力和国际影响力，有力推动了国际大循环的发展。

（二）自由贸易试验区是管理模式改革的先锋

自由贸易试验区作为我国经济体制改革的突破口和重要平台，充分体现了其在管理模式改革中的引领性作用。在构建国际大循环中，自由贸易试验区不仅以开放的姿态推进贸易自由化，而且以改革的精神推动经济管理模式的更新，确立了其作为管理模式改革的先锋地位。

自由贸易试验区是全球化市场准入标准和统一法律法规的引领者。试验区以更加开放、包容的政策体系，引导国际市场准入标准的落地实施，以更加严密、统一的法律法规保障外资企业的权益。这种在市场准入和法规保障方面的改革探索，使得试验区成为跨国企业全球化产业布局的重要场所，极大地提升了其对外资的吸引力。

自由贸易试验区也是行政效率改革的先锋。试验区致力于推动行政审批流程的简化和透明化，以高效透明的行政效率提升对外资的吸引力。

这种以高效、透明为标准的行政管理模式，提高了行政效率，降低了企业的运营成本，对于鼓励企业的创新和发展有着十分重要的作用。

自由贸易试验区还是审批制度改革的实践者。试验区将涉外投资企业的审批改为备案管理，由事前控制转向事中事后管理，有效地提高了管理效率，降低了审批难度，从而为企业的市场活动创造了更好的环境。这种改变旨在提供更好的市场环境，激发市场活力，推动市场创新。

（三）自由贸易试验区是经济安全的保障者

自由贸易试验区作为我国经济全球化的重要组成部分，其对外开放的程度显著超越了国内其他区域，集中了众多外资企业和对外贸易的重点项目，因此其面临的外部风险也相应增大。在这个过程中，自由贸易试验区通过建立完善的监管体系，实施高标准的规则和要求，不断增强自身抵御风险的能力。比如说，在规则的设定上，自由贸易试验区根据国际通行的规则和标准进行设定，而这些规则在保障经济交易的公平性、公正性、公开性的同时，也是对外部风险的一种有效防控。尤其是在贸易、投资、金融等领域，自由贸易试验区通过设定高标准的规则，从源头上减小了外部风险对自由贸易试验区和我国经济的可能影响。

在监管体系的建设上，自由贸易试验区通过引进先进的监管技术和手段，以及不断优化监管流程和方式，大幅提升了监管效率和效果。例如，自由贸易试验区通过推行“双随机一公开”监管方式，实现了监管全覆盖，同时大大提高了监管的公正性和公开性，有效预防了各类经济风险。

此外，自由贸易试验区在扩大开放、优化商业环境、推动国内外市场的有效融合等方面，也为国家经济安全提供了有力保障。自由贸易试验区以其优质的商业环境和政策环境吸引全球资本、技术和人才，通过这些要素的汇集和融合，不仅可以推动自由贸易试验区乃至我国经济的发展，也可以稳定国内市场，降低外部风险对我国经济的影响。

在此基础上，自由贸易试验区通过积极参与国际经济合作，以及推动国际经济规则的形成和完善，也为保障国家经济安全做出了贡献。自由贸易试验区以其开放、创新的姿态参与全球经济合作，以其影响力和话语权推动国际经济规则的形成和完善，这无疑为我国在全球经济中的地位提供了有力保障，也为保障国家经济安全提供了重要支持。

（四）自由贸易试验区是营商环境的改善标杆

自由贸易试验区在构建国际循环中，确实可以被视为营商环境的改善标杆。

首先，自由贸易试验区以国际高标准和高水平为对标，不断优化政策法规，提供公平、开放、统一、高效的市场环境。这意味着试验区在全球经济一体化的大背景下，以最开放的姿态，接受和引入国际先进的管理经验和运营模式，使其成为一个既具有我国特色又符合国际规则的经济实体。

其次，自由贸易试验区积极探索和实践营商环境改革。如“最多跑一次”极简审批，“多规合一”行政管理，“互联网+政务服务”等创新举措，旨在进一步提高行政效率，减少企业的运营成本，使企业更专注于业务发展和创新。在我国经济全球化的进程中，这些改革无疑提升了试验区以及我国整体的竞争力。

此外，自由贸易试验区在国际大循环中扮演着营商环境的改善标杆角色，也因为试验区作为一个“试验田”，其成功的经验可以被推广到全国其他地区。这些成功的经验包括优化营商环境的政策和制度创新，都可以为我国的营商环境改革提供借鉴和模仿的样板。

从这些层面看，自由贸易试验区在构建国际大循环中的角色，是营商环境改善的标杆，主要表现在其高标准、高水平的政策环境，以及前瞻性的改革措施，提供了良好的营商环境。同时，其成功的经验也为我国其他地区提供了借鉴，推动了我国全面提升营商环境的进程。

当然，自由贸易试验区在优化营商环境方面所做的努力并不止于此。试验区还需要进一步深化改革，提升政府服务水平，完善法律法规，保障企业的合法权益，以更好地吸引全球资本和人才，提升我国在全球经济中的地位。这也是自由贸易试验区在构建国际大循环中，持续做好营商环境改善标杆角色的重要任务。

三、生态农业经济与自由贸易试验区联动发展

（一）自由贸易试验区对区域生态农业经济的辐射效应

自由贸易试验区对区域生态农业经济的辐射效应表现得十分明显，其在推动农业现代化、改善农产品质量、提高农业科技含量、促进农业国际化等方面发挥了极其重要的作用。

自由贸易试验区对生态农业经济的现代化产生了积极影响。自由贸易试验区的成立与发展，引导了农业向现代化转型，特别是在生态农业领域，推动了新型农业技术的研发和应用，如智能农业、精准农业等高新技术在农业生产中的广泛应用，提高了农业的科技含量，增强了农业的竞争力。

自由贸易试验区对农产品质量的提升起到了推动作用。试验区的高度开放性，使得外来的优质农业资源、技术、经验可以方便地引入，对农产品质量产生了积极影响。同时，试验区也积极引导农业企业和生产者按照国际质量标准生产农产品，提高了农产品的市场竞争力。

自由贸易试验区对农业科技的发展起到了催化作用。试验区内充分利用自身的资源优势，加大对农业科技研发的投入，鼓励和支持农业科技创新，帮助农业科技企业研发新技术、新产品，推动农业科技进步。

自由贸易试验区对农业国际化的推动效果也不可忽视。试验区内的农业企业可以更加便捷地接触到国际市场，更好地理解国际市场的需求，从而更好地调整生产计划和经营策略，实现产品的国际化发展。

通过上述各方面的作用，自由贸易试验区对区域生态农业经济的辐射效应显而易见。同时，这种辐射效应也将进一步推动农业的现代化，提升农业的质量和科技含量，助力农业的国际化，从而在更大程度上推动区域生态农业经济的发展。

（二）生态农业经济推动自由贸易试验区发展

生态农业经济也对自由贸易试验区的发展起到了重要的推动作用，具体体现在以下几个方面：

首先，生态农业经济的发展提供了丰富的商品和产品供应链。生态农业经济体现了对环境的尊重和保护，其生产的农产品质优、种类多样，适应了消费者对高品质、健康、安全的食品需求，这无疑为自由贸易试验区内的贸易提供了广阔的市场空间。

其次，生态农业经济为自由贸易试验区的技术创新提供了可能性。农业是科技进步的重要领域，生态农业经济的发展推动了农业科技的进步，尤其是生物技术、农业信息技术、农业环保技术等方面，为自由贸易试验区的技术创新和产业升级提供了技术基础和产业支持。

再次，生态农业经济为自由贸易试验区的国际合作提供了契机。生态农业的发展需要国际的科技交流、技术引进和市场合作，自由贸易试验区在促进国际合作、拓宽国际交流等方面具有明显优势，这对于吸引外资、促进技术引进、拓宽市场出口都具有积极意义。

最后，生态农业经济也为自由贸易试验区的环保和可持续发展提供了示范。生态农业强调的是与环境的和谐共生，这与自由贸易试验区追求的绿色发展、可持续发展的理念相一致，生态农业的成功经验和模式无疑为自由贸易试验区的绿色发展提供了参考和借鉴。

（三）案例：生态农业成为海南自由贸易试验区的王牌

海南自由贸易试验区的实例就比较典型，其展示了生态农业经济如何成为自由贸易试验区的王牌，并通过这一独特优势推动区域的联动发展。

海南自由贸易试验区的位置特殊。作为我国最南端的省份，海南的光照充足，气候温暖，物种资源丰富。这些自然条件使得海南具有发展热带特色生态高效农业的优势。海南早在2006年就实施了“一省两地”战略，意在将海南打造成新兴工业省、热带高效农业基地以及热带海岛休闲度假旅游胜地。热带高效农业成为海南重点打造的产业，使得海南的生态农业经济具有独特优势。

2018年，海南的热带高效农业取得了重大突破，即海南全省建立自由贸易试验区。这个新的发展阶段将海南的热带高效农业提升至新的高度，使得海南的热带海岛农业有了质的飞跃。自由贸易试验区的建立，提供了一个国际化、市场化的平台，极大地推动了海南特色生态农业的发展。

于是，海南针对其独特的自然条件和物种资源，开展了一系列的工作以推动生态农业的发展。这些工作主要包括农业科学技术培训、农业规划、总结发展绿色生态县域经济经验、搭建电商销售渠道、制订生态农业团体标准以及提供技术咨询服务等。这些措施全方位地推动了海南特色生态农业的发展，并使其在自由贸易试验区内的竞争力极大增强。

最终，海南依靠其独特的气候条件和物种资源，以及自贸试验区的平台，积极推进特色生态农产品的发展，如热带水果和花卉、水产养殖与海洋捕捞、冬季瓜菜生产、天然橡胶等。这些特色生态农产品的发展，不仅丰富了海南的农产品供应，也打造了海南农业的竞争优势，进一步推动了海南特色生态农业经济的发展。

通过这些策略和措施，海南特色生态农业在自由贸易试验区内实现了繁荣发展，形成了生态农业经济与自由贸易试验区的联动发展格局。这种发展模式不仅提升了海南农产品的供应质量，也扩大了农产品的市场需求，为海南省经济发展注入了新的活力。同时，生态农业经济的繁荣，也带动了相关产业的发展，如科技、物流、电商等，进一步推动了海南自由贸易试验区的经济增长。

第六章　“双循环”格局下生态农业经济可持续发展保障

第一节 生态农业经济可持续发展政策保障路径

一、制定针对性地方性法规

在当今社会，生态农业经济的可持续发展已经被普遍认为是全球环境保护和社会经济进步的关键所在。在实践中，制定针对性的法律法规显得尤为重要。比如，安徽省就为合理开发利用农业资源生态农业法律，保护和改善农业生态环境，提高农产品的产量、质量和安全性，保障人体健康，促进农业可持续发展，根据《中华人民共和国农业法》《中华人民共和国环境保护法》等法律、法规，结合安徽省实际，制定颁布了农业生态环境保护条例。

制定针对性的法律法规的根本原因在于三个方面：一是法律法规作为社会行为的规范和约束，为生态农业经济的可持续发展提供了明确的方向和标准。对于地方政府来说，制定与当地生态农业经济发展相关的法律法规，能够明确地方生态农业的发展方向、目标和标准，规范生态农业的生产、经营和管理行为，从而保障生态农业经济的健康、有序、可持续发展。二是法律法规是政策执行的保证。明确的法律法规能够为生态农业经济的相关政策实施提供具体的操作依据，确保政策的有效执行，避免因政策执行的模糊不清而影响生态农业经济的发展。一项完备的法律法规体系不仅有利于在政策执行过程中解决出现的各种问题，也有助于在保护农业生态环境、促进农业可持续发展等方面实现更好的效果。三是法律法规是公平竞争的基础。在生态农业经济中，地方政府的法律法规可以确保各个参与者遵循同样的规则参与竞争，保障市场的公平性，促进市场的健康竞争；既有利于各参与者的权益得到保护，也有助于激发参与者的积极性和创新性，推动生态农业经济的健康发展。

在实际中，制定针对性的法律法规是一个非常复杂的课题，需要考虑许多因素。

首先需要充分了解和研究当地的生态农业经济情况，包括生态农业的种植方式、种植规模、种植品种、销售渠道等。对于不同的地方，生态农业经济的具体情况可能会有所不同，因此，各地政府需要针对具体情况制定法律法规。这个过程中，地方政府需要积极倾听各方面的意见和建议，充分参考科学研究成果，以确保制定的法律法规既科学又实用。

其次需要参考其他地方或国家的相关法律法规，学习和借鉴其在生态农业经济发展中的成功经验和做法，尽可能避免在制定法律法规过程中出现的问题和困难。在全球化的今天，可以从其他地方或国家的经验中获取信息，从而为我国生态农业经济的可持续发展提供新的思路和方案。

再次需要考虑当地的实际情况，如地理位置、气候条件、资源条件、人文条件等，根据这些因素来制定符合当地实际的法律法规。这样，地方政府就能够制定出既具有指导性，又具有操作性的针对性法律法规，从而更好地推动生态农业经济的可持续发展。

最后需要建立健全法律法规的执行和监督机制，确保法律法规的有效实施，及时发现和解决在执行过程中出现的问题。这种监督机制可以通过多种方式实现，包括但不限于定期审查、公众参与、第三方评估等。只有这样，才能确保制定的法律法规真正发挥其应有的作用，推动生态农业经济的可持续发展。

二、提供税收优惠政策

税收优惠政策在生态农业经济可持续发展中扮演着关键角色，可为环保农业的推广和发展提供重要的政策支持和经济激励。税收优惠政策的核心目标是降低生态农业的经营成本、刺激企业投入更多的资源进行生态农业生产，以及推动生态农业的技术创新。

税收优惠政策可以降低生态农业的经营成本。由于生态农业注重环境保护和资源的可持续利用，其生产过程可能会比传统农业投入的资金更多，用于生产设备的更新升级、环保技术的引入等。而税收优惠政策能够降低这部分成本，使得企业更有可能投入生态农业的生产。

税收优惠政策也可以刺激企业投入更多的资源进行生态农业生产。当企业能够享受到税收优惠时，他们的净收入会增加，这样就能刺激他们进行更多的投资，例如扩大生产规模、改进生产技术等。这样既可以提高生态农业的生产效率，也有利于生态农业的长期发展。

税收优惠政策还能推动生态农业的技术创新。生态农业的特性使其在发展过程中可能面临很多技术挑战，例如如何更有效地利用资源、如何更好地保护环境等。税收优惠政策为企业提供了更多的资金用于研发，推动了技术创新的发展。

各地政府在提供税收优惠政策时，可以设定一定的标准，只有达到这些标准的企业才能享受到税收优惠。这些标准可以包括环保标准、生产规模等。这样可以激励企业更积极地投入生态农业的生产，从而达到这些标准并享受到税收优惠。还可以根据企业的具体情况，制定不同的税收优惠政策。例如，对于刚开始进行生态农业生产的小型企业，可以给予较大力度的税收减免。对于已经有一定规模和经验的大型企业，可以给予更为稳定的税收优惠。

在具体的税收优惠政策措施上，建议参考以下几种成功经验：

一是减免相关税收。对生态农业相关的税收进行减免，比如土地税、所得税等。通过减轻企业的税负，鼓励他们进行更多的生态农业投资。

二是研发税收抵扣。允许企业将用于生态农业技术研发的投资用于抵扣部分税收。这样可以鼓励企业投资于新技术的研发，推动生态农业的技术创新。

三是投资税收优惠。为投资于生态农业的个人或企业提供税收优惠，从而鼓励更多的资本流向生态农业。

四是进口税优惠。对于引进国外先进生态农业技术和设备的企业，可以考虑给予进口税的减免，以降低他们的成本。

总的来说，税收优惠政策是推动生态农业发展的重要工具，但其效果还取决于政策的具体设计和执行情况，需要政府、企业和社会各方共同努力，才能真正实现生态农业的可持续发展。

三、提供财政支持

生态农业通常需要大量的前期投入和相对充足的运营资金，而且收益往往会较慢呈现。在这个过程中，政府的财政支持可以有效地降低生态农业项目的风险，激发企业和农户的积极性，从而推动生态农业的发展。

财政补贴是一个重要的政策工具，用于推动生态农业的发展。由于生态农业的生产成本通常高于传统农业，所以财政补贴可以在一定程度上降低生态农业的生产成本，使其在市场竞争中具有更大的优势。政府可以根据生态农业的种类和规模，设定相应的补贴标准和政策。这些补贴可以用于补偿生态农业生产者的投入成本，或者用于奖励生态农业生产的优秀成果。此外，政府也可以为生态农业提供技术和市场信息支持，帮助生产者提高生产效率，扩大市场份额。

政府通过财政投资，可以直接参与生态农业项目的建设和运营。这种形式的投资既可以通过政府直接出资，也可以通过引导社会资本投入实现。政府可以设立专项基金，用于支持重点生态农业项目的建设和运营。这种基金可以用于购买必要的生态农业设备，进行生态农业相关的研发活动，或者用于培训生态农业相关的专业人才。政府也可以通过设立公私合作模式，引导社会资本投入生态农业，共享风险和收益。

政府还可以通过贷款贴息政策，为生态农业生产经营者提供低成本的融资渠道。这可以降低生产者的财务压力，鼓励他们投入更多的资源到生态农业生产中去。政府可以通过合作银行或设立农业发展基金，为生态农业生产者提供优惠贷款。此外，政府也可以设立风险保障机制，为生态农业生产经营者提供贷款保障，降低银行的贷款风险，增强银行对生态农业的信贷支持。

总之，财政支持是推动生态农业经济可持续发展的关键政策保障之一。在这个过程中，政府需要根据生态农业的具体情况，制定合理的政策，实施有效的监管，确保财政资金的有效使用，真正实现生态农业的可持续发展。

四、市场准入

推动生态农业发展，除了生产端的创新和提高，市场准入的环节也起着至关重要的作用。市场准入机制的建立，对于塑造生态农业产品友好的市场环境，实现经济效益和环保效益的双重目标，都具有深远的影响。

市场准入政策是一种让利益相关者积极参与生态农业发展的有利方法。其作用主要体现在两方面：一是通过设定良好的市场环境，鼓励更多的生态农业产品进入市场，使得生态农业产品在市场上与传统农业产品公平竞争，从而推动生态农业的普及和发展。二是引导消费者了解并接纳生态农业产品，提高生态农业产品的知名度和认可度，推动市场对生态农业产品的需求。

市场准入政策的建立需要制定公平、科学的标准。这需要政府和相关部门从生态农业产品的质量、安全性等方面出发，设定清晰、可操作的标准。以此确保生态农业产品的质量，维护消费者的权益。比如，对于生态农业产品的种植、养殖、加工等环节，都可以设定相应的标准和规范，使得生态农业产品真正达到“生态”的标准。

除了标准的设定，提高生态农业产品的知名度和认可度也是推动市场准入的重要途径。政府和相关部门可以通过各种渠道，如媒体宣传、公众教育等方式，让消费者了解生态农业产品，清楚其对环境、健康的积极影响，进而接受和选择生态农业产品。

当然，市场准入政策的执行并不能仅仅依靠政策本身，还需要强有力的监管机制。政府和相关部门应该建立健全的监管制度，从生产、销售、消费等环节对生态农业产品进行全程监管，确保市场准入政策的有效执行。同时，政府还需要定期对市场准入政策进行评估和修订，使其始终适应生态农业发展的实际需求。

第二节　生态农业经济可持续发展金融保障路径

一、金融机构支持

金融机构的支持是推动生态农业经济可持续发展的重要保障，旨在通过稳定的资金供给，缓解生态农业经营者的资金压力，降低他们面临的风险，促进生态农业的发展。

（一）生态农业的初期投入与金融机构信贷支持

生态农业是一种追求人与自然和谐共生，重视环境保护和资源可持续利用的农业方式，具有巨大的环境效益和社会效益。然而，生态农业的实施往往需要较大的初期投入，包括土地整理、设备购置、种植技术等。特别是在现代生态农业中，为了更好地实施精准农业，还需要投入高科技的农业设备和系统，如精准灌溉、智能农机等。这些都需要大量的资金投入，对于大多数农户来说，也是一个不小的经济压力。

在此情况下，金融机构可以通过提供信贷服务，为生态农业提供必要的资金支持。具体来说，金融机构可以提供低息贷款，通过降低贷款利息，减轻生态农业经营者的负担。此外，金融机构还可以推出针对生态农业的专门贷款产品，比如为生态农业的设备购置提供长期的贷款，为种植季节的资金周转提供短期的贷款，满足生态农业在不同阶段的资金需求。最后，金融机构也可以通过贷款的方式，鼓励农户投入生态农业的建设。比如，金融机构可以为投入生态农业的农户提供优惠的贷款条件，降低他们的贷款门槛，使更多的农户有能力投入生态农业的建设。

（二）生态农业经营的风险管理与金融机构保险支持

生态农业的经营面临许多风险，其中包括自然灾害的风险、市场价格的波动风险等。对于这些风险，金融机构可以通过提供保险产品，为生态农业提供风险保障。金融机构可以设立农业保险，对农作物进行保险，当农作物受到自然灾害的影响时，保险公司可以进行赔偿，减轻农户的损失；还可以设立价格保险，当市场价格波动时，保险公司可以提供赔偿，降低农户的市场风险。

对于生态农业，由于其注重环境保护和资源可持续利用，有自己的特殊性。因此，金融机构还可以设立专门的生态农业保险，针对生态农业的特点，提供定制化的保险产品。比如，可以设立生态农业设备保险，保障生态农业设备的运行；也可以设立生态农业环境保险，当农业活动对环境造成影响时，提供赔偿等。

（三）生态农业发展的资金持续保障

金融机构在生态农业发展中的作用，不仅仅是提供资金和风险保障，更重要的是，通过其他金融的手段，可以引导资金流向生态农业，推动生态农业的发展。

金融机构可以通过设立专门的金融产品，引导资金流向生态农业。比如，可以设立绿色基金、绿色信托等金融产品，这些产品的投资方向都是生态农业，可以吸引社会资金投入生态农业。同时，这些金融产品的收益与生态农业的发展密切相关，可以激发投资者对生态农业的关注，进一步推动生态农业的发展。金融机构还可以通过提供各种金融服务，促进生态农业的发展。比如，金融机构可以为生态农业提供资金管理、风险管理等金融服务，帮助农户更好地经营生态农业。

二、社会资本投资

生态农业经济可持续发展的一大难题在于资金问题。农业投资周期长、回报期限长，加之农业生产的自然条件依赖性以及生态农业本身的环境友好特性使得其初始投资大，这导致生态农业在初期阶段面临较大的资金压力。单靠金融机构无法满足资金的全部需求，此时，社会资本投资的介入，将在一定程度上缓解这一压力。引导和激励社会资本投资进入生态农业领域，提供多元化、市场化的资金渠道，能够进一步促进生态农业的持续健康发展。

社会资本投资，包括但不限于创业投资、股权投资、众筹等方式，能够为生态农业提供多元化的资金支持。创业投资是一种风险较大但可能带来高回报的投资方式，通常针对新兴的、发展前景乐观的生态农业企业，通过购买企业的部分股权来获取未来可能的高额回报。股权投资则是社会资本投资的重要形式，投资者通过购买企业的股份，成为企业的股东，分享企业的经济利益，同时参与企业的经营决策。除此之外，随着互联网的普及和金融科技的快速发展，众筹等新兴投资方式也在生态农业领域得到了广泛的应用，让更多的社会资本参与到生态农业的建设中来。

然而，社会资本投资生态农业，并非一蹴而就，投资者需要对生态农业有相对深入的了解，才能够做出准确的投资决策。生态农业的生产经营模式、市场前景、行业趋势等，都是投资者必须深入了解的内容。只有深入理解生态农业，才能从中寻找到投资机会，避免盲目投资带来的风险。

在投资过程中，投资者需要有合适的投资策略。生态农业是一个周期较长的产业，投资者需要有足够的耐心等待投资回报。因此，投资策略的选择显得尤为重要。投资者可以选择投资具有核心技术、有市场竞争力的生态农业企业，这类企业具有较高的技术壁垒，能在市场竞争中脱颖而出。另外，投资者也可以选择投资具有一定规模、有稳定经营业绩的生态农业企业，这类企业通常具有稳定的收入和利润，能为投资者提供稳定的投资回报。

投资者在做出投资决策时，需要权衡投资的风险和收益。一般来说，风险和收益是成正比的，投资风险越高，可能获得的收益也越高。因此，投资者需要根据自身的风险承受能力，选择合适的投资项目和投资方式。对于风险承受能力较强的投资者，他们可以选择风险较高、但可能带来高收益的创业投资。对于风险承受能力较弱的投资者，他们可以选择风险较低、但可能带来稳定收益的股权投资。

然而，无论选择哪种投资方式，投资者都需要有清晰的投资目标和计划。投资目标可以帮助投资者明确自己的投资方向和范围，而投资计划则可以帮助投资者有效管理和控制投资风险。例如，投资者可以根据自己的财务状况和时间计划，制定出投资的资金规模、投资的时间期限、预期的投资回报等。

社会资本投资对于推动生态农业的发展起着重要的推动作用，同时也为投资者提供了广阔的投资空间。通过深入理解生态农业，制定合适的投资策略，投资者不仅可以从中获得良好的投资回报，也可以为生态农业的发展做出贡献。

第三节 生态农业经济可持续发展技术保障路径

一、技术引进与创新

技术是推动生态农业经济可持续发展的核心动力，对生态农业经济可持续发展起到了基础性和引领性的作用。特别是在信息化、网络化的今天，技术引进与创新更具有现实和长远的意义。不仅可以提高生态农业的生产效率和产品质量，提高经济效益，还可以保护环境，实现生态农业经济的可持续发展。

技术引进可以帮助农业企业或农户接触和掌握当前世界先进的、高效的生态农业技术，帮助他们提高生产效率，降低生产成本，提升产品质量，从而提高他们的经济效益。另外，技术引进还可以帮助他们节约资源、保护环境，实现生产和生态的和谐共生。例如，引进智能灌溉系统，可以实现精准灌溉，既能节约水资源，又能保证农作物的生长需要。引进生物防治技术，可以减少化学农药的使用，保护农田生态环境。

但是，只有技术引进是不够的，还需要技术创新。因为，技术引进只能接触和掌握已有的技术，而技术创新则可以帮助开发新的技术，满足新的需求。特别是在面临新的问题和挑战时，如气候变化、资源枯竭等，更需要技术创新来找到新的解决方案。例如，面对全球气候变化带来的生态农业生产条件的不稳定，就需要开发新的抗逆性强的作物品种，以适应新的生产条件。

在技术引进过程中，企业或农户可以通过参加国内外的农业科技交流活动，了解和引进全球最新的生态农业技术；也可以通过与国内外的科研机构或企业合作，引进他们的先进技术；还可以通过购买国内外的先进农业设备，引进其内含的先进技术。至于技术创新，主要依赖于科研机构或企业的科研能力。可以通过基础研究开发新的技术，也可以通过应用研究，将现有的技术进行改进或应用到新的领域。

此外，政府在推动生态农业技术引进和创新方面也扮演着重要角色。政府可以通过制定支持政策和提供资金支持，鼓励企业和农户引进和创新生态农业技术。政府还可以组织和支持科研机构开展生态农业技术研发，促进技术创新和转化。

总之，技术的引进和创新是推动生态农业经济可持续发展的重要手段。政府和生态农业企业应通过引进最新的技术，提高生产效率和产品质量；通过技术创新，解决新的问题和挑战，实现生态农业的可持续发展。政府、企业、农户和科研机构等各方应共同努力，加强合作，推动生态农业技术的引进和创新，促进生态农业经济的健康发展。

二、加大科研支持

生态农业经济可持续发展，需借助科研力量才能实现。科研力量的不断增强，有助于更好地利用和保护自然资源，提高生态农业生产效率，保证生态农业的可持续性，从而为社会和经济发展提供有力支撑。因此，要通过加大资金投入、优化科研资源配置、加强国际合作、培养科研人才等方式，全方位提升科研能力，以便为生态农业的可持续发展提供技术支撑。

具体而言，科研对于解决生态农业中的关键技术问题具有极大的价值。生态农业问题往往涉及生态、气候、土壤、生物等多个领域，需要跨学科的科研团队协同解决。例如，如何提高农作物的抗旱性、耐盐性等，这都需要生物学、气候学、土壤学等多个学科的科研力量进行研究。科研也是推动生态农业技术创新的重要力量。新型生态农业技术的研发往往需要大量的科研投入。例如，生态农业机械化、精准生态农业、智能生态农业等新技术的研发，都需要科研人员深入理论研究，进行实验验证，最终才能将科研成果转化为实际的生产力。

加大科研支持的方式有多种，其中最直接的就是增加科研资金投入。政府可以通过设立科研基金，提供科研项目的申报机会，给予科研团队充足的资金支持；另外，还可以设立特定的奖励政策，对科研成果的商业化过程进行奖励和补贴，激发科研人员的创新积极性。同时，科研资源的共享也是加大科研支持的重要方式。建立科研资源共享平台，提高科研设备和数据的利用效率，可以减少科研成本，提高科研效率。此外，促进国内外科研机构的合作，引进先进的科研理念和技术，也有利于提升科研能力。最后，培养科研人才也是加大科研支持的重要环节。通过建立科研人才培养机制，吸引更多的优秀人才进入科研领域，有助于提升科研能力，推动生态农业技术的不断创新。

三、开展技术示范

生态农业体现的是一种对生态环境、农业生产方式的全新理念，而这一理念的实现，需要在实践中不断演示和验证，将这一理念转化为可行的技术和方法，进而形成农民能够接受和使用的技术体系，这就是技术示范的任务。在生态农业经济可持续发展技术保障路径中，技术示范是极其重要的一环。通过技术示范，可以将科研理论转化为实际的生产力，帮助农民理解和掌握新的农业技术，推动农业的可持续发展。为此，需要从建立技术示范基地，制定科学的示范方案，进行专业的技术培训，进行持续的技术跟踪，全方位地开展技术示范几个方面入手，推动生态农业技术的普及和应用。

技术示范的首要任务就是将生态农业的理念，以及由此产生的技术，进行实地的演示和验证。生态农业技术的实施通常涉及复杂的生态系统管理，这既需要精确的科学数据支持，又需要对生态环境有深入的理解。科研人员可能对这些知识和数据了如指掌，但农民可能会感到陌生甚至困惑。因此，技术示范能够将抽象的科学原理和复杂的技术流程以具象的方式呈现出来，可使得农民能够直观地感受到生态农业技术的实施过程和效果，有助于他们理解和接受这些新技术。

技术示范也是科研成果向社会推广的重要方式。生态农业技术的研发需要投入大量的时间和精力，但只有当这些技术得到广泛的应用，才能发挥其应有的价值。而技术示范正是这一过程中的关键环节，它能够将最新的研究成果以直观的方式展现出来，让农民看到这些技术在实际生产中的效果，增强他们使用新技术的信心。

要开展技术示范，首先需要有技术示范基地。这些基地通常选在生态农业生产的重要区域，可以是具有代表性的农场或者田间。在这些基地中，可以对生态农业技术进行大规模的实施，使其效果得到全面展示。

此外，这些基地还可以用于开展技术培训，帮助农民掌握新技术。

同时，开展技术示范还需要一套科学合理的示范方案。这个方案需要明确示范的目标、技术、流程等内容，以确保示范的科学性和实用性。这个方案应由科研人员和农业技术专家共同制定，以保证其科学性和针对性。

除此之外，在开展技术示范的过程中，也需要对参与示范的人员进行专门的技术培训。毕竟，无论生态农业技术有多么先进，如果农民不理解或者不会使用，那么这些技术也就无法在实际生产中发挥作用。因此，需要有专门的技术人员，通过一系列的培训活动，将生态农业的理念、技术原理以及实际操作方法传授给农民，使他们能够熟练掌握这些技术，提高其生产技术水平。

在技术示范的最后，还需要进行持续的技术跟踪。实际上，任何一项技术在实际应用中，都可能会遇到一些预料之外的问题。因此，需要有专门的技术团队，对技术示范过程进行全程跟踪，及时发现问题，提供解决方案，确保技术示范的顺利进行。

四、技术信息共享

现代农业是一项特别依赖于技术和信息的产业，而生态农业尤其如此。随着科技的不断发展，生态农业技术也在不断创新。然而，新的技术信息往往分散在各个研究机构、公司和个人手中。如果没有有效的信息共享机制，那么这些宝贵的信息就可能被浪费，农民也可能无法及时获得最新的技术信息，从而影响到生态农业的发展。

技术信息共享可以使所有的生态农业从业者都能够获得最新的技术信息，不仅可以提高他们的生产效率，而且还可以帮助他们解决生产中遇到的问题，提升他们的生产技术水平。此外，技术信息共享还可以帮助农业科研机构和公司了解农民的实际需求，进一步指导他们的研发工作，从而推动生态农业技术的创新。

进行技术信息共享最方便的路径就是建立一个生态农业技术信息平台。这个平台应该是开放的、共享的，任何人都可以在上面发布和获取生态农业技术信息。平台可以包括各种类型的信息，如技术研究报告、生产经验、市场分析等，以满足不同用户的需求。这一平台还需要方便用户快速找到他们需要的信息。同时，平台最好还可以根据农民的需求，提供专业的技术咨询和支持。

具体而言，生态农业技术信息平台的建设需要考虑以下几个方面：

一是平台的开放性和共享性。平台应该对所有的农民、科研机构和公司开放，任何人都可以在上面发布和获取信息。平台的使用应该是免费的，以鼓励更多的人参与其中。

二是多样化的信息类型。平台应该涵盖各种类型的信息，包括技术研究报告、生产经验、市场分析等。这样可以满足不同用户的需求，并促进不同领域之间的交流和合作。

三是强大的搜索和推荐功能。平台应该具备高效的搜索功能，用户可以通过关键词、标签等方式快速找到他们需要的信息。此外，推荐功能可以根据用户的偏好和历史浏览记录，向他们推荐相关的信息，提高信息获取的效率和准确性。

四是专家团队的支持。平台应该设有专门的专家团队，他们具备丰富的农业知识和经验，可以为农民提供专业的技术咨询和支持。专家团队可以回答用户的问题，解决他们在生产中遇到的困难，并提供定制化的建议和指导。

五是严格的信息审核制度。为了保证信息的质量，平台应该设有严格的信息审核制度。任何发布在平台上的信息，都需要经过专家的审核，确保其科学性、可靠性和实用性。这样可以有效地过滤掉低质量、虚假或不准确的信息，保护用户的利益和权益。

通过建立一个开放、共享的生态农业技术信息平台，农民、科研机构和公司可以更加便捷地获取最新的技术信息，促进彼此之间的合作和交流，推动生态农业的发展和创新。这不仅有利于提高农业生产的效率和质量，也有助于实现可持续农业发展的目标。

第四节 生态农业经济可持续发展基础设施保障路径

一、生态农田水利建设

在生态农业经济可持续发展的基础设施保障路径中，生态农田水利建设是至关重要的一环。水资源是农业生产的基础，而对于生态农业来说，其对水资源的利用更要求达到科学、高效、可持续的目标。从这个角度看，生态农田水利建设是实现生态农业可持续发展的重要保障。

一方面，水利设施是农业生产的重要基础。良好的水利设施不仅能够保障农业生产的水源供应，还能够调整田间的水分条件，提高农作物的生产力。对于生态农业来说，高效的灌溉设施可以减少对水资源的消耗，降低对环境的影响，符合其可持续发展的要求。

另一方面，通过生态农田水利建设，可以实现水资源的合理利用。合理的水资源配置和使用，可以降低水资源的消耗，减少对水环境的污染。同时，也可以提高农业生产的效率，保障农作物的高产稳产。

为了开展生态农田水利建设，需要从以下四个方面进行：

一要完善生态农田的灌溉设施，生态农田的灌溉设施是保障农田水利的基础。在生态农业中，应选用适合的灌溉设备，如滴灌和喷灌系统等。滴灌系统通过向植物根部滴水，减少了水的蒸发和浪费，提高了水的利用效率。喷灌系统则以喷洒的方式给予植物水分，可以更加精确地控制灌溉量，避免水的过度消耗。

二要引入高效节水的灌溉技术，这是实现可持续农田水利的重要途径。定量灌溉技术可以根据作物需求和土壤湿度精确计算和控制灌溉量，避免过量灌溉。精确灌溉技术利用现代传感器和自动化控制系统，监测土壤水分状况和气象条件，实现精细的灌溉管理，提高水的利用效率。

三要创新水资源管理方式，这对于生态农田的水利建设至关重要。通过建立水资源管理信息系统，可以实时监测水资源的使用情况和变化趋势，为农田灌溉提供科学依据。同时，可以进行水源配置和调度，根据不同农田的需求和实际情况，合理分配水资源，提高水资源利用效率。

四要强化水源保护和污染防治，这是确保水资源持续供应的关键措施。通过完善水资源保护政策和执行水源保护法规，可以加强对水源的管理和保护，减少污染源对水质的影响。同时，增强农民的水源保护意识，加强宣传教育，促进农业生产中的环境友好行为，防止农业活动对水资源的过度开采和污染。

二、乡村交通网络建设

在生态农业经济可持续发展的基础设施中，乡村交通网络无疑占据了重要的一环。它不仅关乎农产品的生产、流通和销售，更直接影响着农民的生活和生产活动。因此，乡村交通网络的建设和改善显得尤为重要。

生态农业的发展需要乡村交通网络的大力支持。农业生产本身就是一个复杂的系统，需要土地、水源、种子、肥料等多种生产要素的配合。这些生产要素的流动，都需要依赖良好的乡村交通网络。特别是在生态农业生产中，农民往往需要运输大量的农产品和农资，而这都离不开便捷的交通条件。

此外，乡村交通网络的改善也有利于生态农业产品的市场销售。农产品是新鲜物品，时间就是其质量和价值，一旦因为交通不便导致农产品无法及时进入市场，就可能导致农产品质量下降，价值降低。因此，建立和完善乡村交通网络，有助于保证农产品的新鲜度和价值，提升农民的经济收入。

当然，乡村交通网络的建设并非一蹴而就，需要通过一系列的措施和步骤实施。首先，修建和改善乡村公路是最基础的工作。乡村公路是农民日常生活和农业生产的主要交通工具，公路的通行能力和安全性直接影响到农民和生态农业产品的流动效率。因此，应加大公路的修建和改善力度，确保公路的质量和通行能力。这包括道路的修建、硬化和改善，以确保道路的通行能力和安全性。

其次，建设和完善乡村公交和客运服务，可以为农民提供更便捷的出行方式。公交和客运服务不仅可以方便农民进城，也可以提高生态农业产品进入市场的效率。此外，公交和客运服务也可以提升生态农业旅游开发潜力，进一步推动农村经济的发展。

最后，乡村交通网络建设也需要关注生态农业产品的加工和保鲜能力。在生态农业产品运输的过程中，保持产品的新鲜度和质量至关重要。因此，乡村交通网络建设应该与冷链物流设施的建设相结合，确保生态农业产品在运输过程中能够保持适宜的温度和湿度。

三、建设生态农业产业园

生态农业产业园的建设，体现了现代农业发展的新趋势和方向，代表了一种以生态为导向的农业模式。这不仅是对传统农业模式的一种创新和突破，更是一种对环境保护、经济可持续发展和农业效益提升的有力推动，是实施乡村振兴战略、推动绿色发展、建设美丽中国的重要路径。

环保问题在农业生产过程中始终是一个关键点。过度的化肥和农药使用对环境造成了严重破坏，破坏了土壤的健康平衡，影响了地下水质量，进而影响到人类的健康。生态农业产业园在这方面发挥着重要的作用。生态农业产业园倡导绿色生产，对农业生产过程中的资源利用进行优化，提高资源利用效率，减少化肥和农药的使用，降低环境污染，维护生态平衡，为环境保护提供有力保障。这不仅符合现代人们对健康、环保生活方式的需求，也是为后代留下一个可持续发展的生态环境。

生态农业产业园在推动经济的可持续发展方面也有着独特的作用。以"天润国华投资基金管理(北京)有限公司"在浙江嘉兴投建的500亩(约合33.3万平方米)生态农业产业园为例,这个产业园以种植、研发、销售、推广具有地域特色的生态农业产品为主,构建了一个完整的农业产业链,形成了生产、加工、销售一体化的模式。它不仅创造了丰富的就业机会,提高了农业的经济效益,而且通过实现农业产业的规模化、集约化和市场化运作,加快了农业现代化进程,提高了农民的生活质量,推动了农民的增收,为经济的可持续性发展提供了强有力的保障。

在农业效益方面,生态农业产业园具有独特的优势。传统的农业生产方式往往只注重产量的提高,忽视了农业的多元化发展。而生态农业产业园则以健康、养生、休闲为主题,结合农业科技,开发出一系列有地域特色的生态农业产品,实现了农业生产的多元化和多样化,提高了农业产品的附加值,增加了农业的经济效益。这种模式的实施,不仅满足了消费者对于高品质、健康、绿色农产品的需求,同时也使农民在提高产量的同时,也提高了产品的附加值,从而实现农业效益的提升。

生态农业产业园的建设需要全方位的考虑。首先,地理位置的选择是至关重要的,需要选择土壤肥沃,水源充足,环境优美的地方作为建设地。只有选定了合适的地点,才能保证生态农业产业园的良好运行。其次,种植技术和管理方法的选择也非常重要,需要引进和培养一批熟悉生态农业的科研人员和技术人员,保证生态农业的科学性和高效性。没有科技的支持,任何一个产业的发展都是无法持续的。最后,产业链的构建也是一个重要的环节,需要通过资本整合,建立完整的农业产业链,形成生产、加工、销售一体化的模式,从而提高整个农业产业的运作效率和经济效益。

第七章 “双循环”格局下的生态农业经济发展展望

第一节 智慧化生态农业畅想

作为现代农业的一个重要方向，智慧农业代表了农业发展的最新理念和技术。智慧农业融合了信息科技，例如人工智能、大数据、物联网、云计算等，旨在通过科技手段提高农业生产效率，优化农产品质量，降低农业生产成本，并且实现农业生产全程的智能化管理。智慧农业的理念，无论是在种植业、养殖业，还是农产品加工、流通与服务等各个环节，都能发挥巨大的作用。

智慧农业的实践，涵盖了农业生产的全过程。在种植阶段，通过大数据和 AI 分析气候、土壤等环境条件，进行种子选择和种植时间的优化。在养殖阶段，通过物联网技术实现动物健康的实时监控，精确投喂提高养殖效率。在农产品的加工和流通阶段，通过区块链技术实现农产品的溯源，提高农产品的安全性。在农业服务环节，利用云计算和 AI 技术提供精准化的农业服务，如病虫害诊断和防治、农产品销售建议等。

生态农业则是强调与自然环境和谐共生，实现可持续发展的一种农业模式。生态农业倡导自然循环，保护生物多样性，减少农业生产对环境的负面影响。生态农业的目标不仅是高效生产，还包括生态保护、生态修复，以及农业生态系统的建设。

智慧农业与生态农业的结合，有着巨大的潜力。在技术现代化方面，智慧农业可以提高生态农业的生产效率。通过应用最新的科技手段，如生物技术、智能农机装备、现代化农业管理等，可以提升农业生产率，培育出高产、优质、抗逆性强的新品种，减少农业生产成本，实现生态农业的高效运行。

在智慧化方面，智慧农业可以推动生态农业的智能化。利用信息技术，如人工智能、大数据、物联网等，可以实现农业生产全过程的智能管理。例如，利用大数据和AI，可以解析生物物质形成机制，精准调控动植物生长发育及其代谢途径，实现精准种植和养殖。利用物联网和云计算，可以构建信息高度对称的现代化智慧农产品供应链，提高农产品流通效率。

在生态化方面，智慧农业可以帮助实现生态农业的资源高效循环利用。例如，通过优化区域资源、生态与产业布局，发掘多样种植、种养结合、农林复合、景观优化等农业生态系统，推进生物处废、水肥精准控制等技术应用，实现农业生产全过程废物处理，减少农业生产对环境的影响。

展望未来，现代智慧生态农业的发展趋势主要有以下几点：

一是科技驱动。现代智慧生态农业的发展将更加依赖科技创新。无论是生物技术的发展，如基因编辑，还是信息技术的进步，如5G、AI、物联网，都将对现代智慧生态农业产生深远影响。具体而言，科技是现代智慧生态农业发展的驱动力之一。在生物技术方面，基因编辑等技术的运用能够使作物具有更高的抗逆性，优化育种效果，提高农业生产效率。比如，通过基因编辑技术，我们可以定向改变作物的某些性状，使其更加适应环境变化，增强其对病虫害的抵抗力。此外，基因编辑技术也可以用于改良农业生物育种，创造出优质的新品种。同时，现代信息技术也为农业的智慧化发展提供了强大的支撑。例如，5G技术的应用，可以实现农田的实时监测和智能管理，提高农业生产的精细化程度。物联网技术则可以通过各种传感器收集农田的环境数据，如气温、湿度、光照等，为农业生产提供及时、准确的决策支持。而人工智能技术可以帮助农民在大量的农业数据中发现规律，预测和预防病虫害的发生，提升农业生产效率。

二是精细化管理。借助科技手段，现代智慧生态农业将能够实现生产过程的精细化管理。这包括土壤管理、种植管理、养殖管理等方面。通过精细化管理，可以提高农业生产效率，降低生产成本，提高农产品质量。在这方面，科技的运用是至关重要的。例如，通过利用物联网和人工智能等技术，可以对农田的环境条件进行实时监测，根据作物的生长需要，进行灌溉、施肥等管理工作，使农田管理更加精细和个性化，从而提高农业生产效率，降低生产成本。此外，精细化管理也体现在农产品的后期处理和销售环节。通过大数据和云计算等技术，可以实现农产品的精准营销，提高农产品的附加值。例如，通过数据分析，可以了解消费者的消费习惯和需求，为消费者推荐符合其需求的农产品，提高农产品的销售效率。

三是环境友好。现代智慧生态农业将更加注重环境保护，实现可持续发展。这包括推广绿色农业技术，优化资源配置，减少农业生产对环境的影响，以及利用科技手段（如生物处废技术），实现农业生产废物的资源化利用。环保和可持续发展是现代农业的重要原则，智慧生态农业也不例外。其一，通过现代生物技术，可以培育出更加环保的农作物和农业生物，减少农业生产对环境的负面影响。例如，通过基因编辑技术，可以培育出抗病虫害、抗逆性强的新品种，减少农药和化肥的使用，减轻对环境的污染。其二，现代信息技术也可以帮助实现农业生产的环保和可持续发展。比如，通过物联网技术，可以实现农田的精细化管理，减少水、肥料等农业资源的浪费。而通过大数据和人工智能技术，可以对农业生产进行智能化的调控，优化资源配置，提高资源利用效率。

四是服务社会化。随着农业现代化和智能化的进程，农业不仅是生产农产品的领域，更是提供多样化服务的领域。这包括为社会提供高质量的农产品，提供精细化的农业服务，以及推动乡村旅游、休闲农业的发展等。具体来说，现代智慧生态农业可以提供高质量、安全、健康的农产品，满足消费者对食品安全、健康的需求。此外，农业服务也越来越精细化、个性化，从种植指导、病虫害预防治疗，到农产品销售建议等，都可以通过科技手段提供。

五是农业供应链的数字化和透明化。现代智慧生态农业的发展也将推动农业供应链的数字化和透明化。数字化和透明化的农业供应链可以提高农产品的流通效率，降低流通成本，提升农产品的附加值。第一，数字化可以让农业供应链的每一个环节都留下可追溯的数字化足迹，这对于保障农产品的质量安全至关重要。消费者可以通过扫描二维码等方式，了解农产品的生产、加工、运输等信息，这不仅可以提高消费者对农产品的信任度，也有利于提高农产品的品牌价值。第二，供应链的透明化可以让农业生产者和消费者建立更直接的联系，提高农产品的流通效率，满足消费者对农产品的多元化需求。例如，通过网络平台，农民可以直接将农产品销售给消费者，消费者也可以直接向农民购买新鲜、高质量的农产品，实现农产品从田间到餐桌的直通车。

总之，现代智慧生态农业是农业发展的未来趋势。在此过程中，政策的引导和支持，科技的创新和应用，以及人才的培养和引进，将发挥关键的作用。同时，必须认识到，实现现代智慧生态农业的发展，是一个系统工程，需要各方面的共同努力和合作。

第二节　生态农业跨国品牌建设展望

一、生态农业建设跨国品牌的必要性

生态农业建设跨国品牌的必要性主要体现在三个方面。

首先，全球消费者对健康食品的需求不断增长，这为生态农业品牌提供了巨大的市场机会，因此生态农业建设跨国品牌可谓顺应市场需求。随着人们对食品安全和健康的关注日益提高，越来越多的消费者开始寻求无农药、无化肥、无激素的食品。生态农业品牌可以通过提供安全、健康的食品来满足这一需求，从而受到全球消费者的青睐。

其次，建立跨国生态农业品牌可以促进生态农业产品的出口和贸易。

生态农业的核心理念是可持续发展和环境保护，许多国家和地区对生态农业产品有着较高的需求。通过打造跨国品牌，生态农业企业可以更好地推广和销售其产品，拓展国际市场份额。这有助于提高农民收入、促进农村经济发展，同时也促进了国际贸易和农产品的多样化。

最后，建立跨国生态农业品牌能够提高产品的品牌价值和影响力。品牌是企业的核心资产，对于生态农业企业也不例外。一个强大的品牌可以赋予产品附加值，并建立起消费者对产品的信任和忠诚度。通过打造跨国品牌，生态农业企业可以提升产品的知名度和美誉度，树立良好的企业形象，进而提高产品的市场竞争力。此外，国际知名品牌还能够为企业开拓新的合作机会和商业伙伴关系，进一步扩大企业的影响力和市场份额。

鉴于上述这些作用与现实需求，生态农业建设跨国品牌十分必要。通过建立跨国品牌，生态农业企业可以抓住全球市场机遇，推动可持续发展，实现经济效益和环境效益的有机结合。

二、生态农业跨国品牌建设路径

（一）生态农业产品文化的挖掘与融合

文化是生态农业产品品牌塑造的重要资源。挖掘生态农业产品文化，可以增加生态农业产品的附加值，提升品牌的影响力。地域文化、历史文化、饮食文化和产品文化都是生态农业产品文化的重要组成部分。

地域文化是一个地方的自然环境、风土人情和民族特色等，是生态农业产品的“基因”，是品牌故事的源泉。挖掘和传承地域文化，可以塑造生态农业产品的独特性和识别度。例如，西藏的青稞在西藏被称为“神米”，这就是地域文化和生态农业产品的完美结合。

历史文化是一个地方的历史传统和文化遗产，是生态农业产品品牌的“根”和“魂”。借鉴和传承历史文化，可以提升生态农业产品的品质感和文化品位。例如，中国的五千年农耕文明，就是生态农业产品品牌的强大历史文化资源。

饮食文化是一个地方的饮食习惯和饮食理念，是生态农业产品的“核”，也是消费者体验的重点。创新和融合饮食文化，可以满足消费者的口感需求和审美需求。例如，中华美食文化，就是生态农业产品品牌的饮食文化资源。

产品文化是生态农业产品的生产工艺和产品特性，是生态农业产品的“面孔”，是品牌形象的关键。精细化和个性化的产品文化，可以提升生态农业产品的竞争力和市场吸引力。例如，茅台酒的酿酒工艺，就是其产品文化的体现。

生态农业产品文化的挖掘与融合，其实是一个全方位、多维度的挖掘和整合过程。首先，深入研究和分析是前提。挖掘文化的过程实际上是对文化精神、文化内涵的解读和传播。对于地域文化，应尽可能深入到产地，了解当地的自然环境、风土人情、民俗习惯等，将这些元素融入生态农业产品中。对于历史文化，要研究和挖掘相关的历史事件、人物故事、文化传统等，使之成为品牌故事的一部分，增强产品的文化底蕴和历史感。对于饮食文化，要深入研究和理解当地的饮食习惯、烹饪方法等，探索和发现可以融入生态农业产品中的饮食文化元素，满足消费者的口感和情感需求。对于产品文化，要研究和掌握生态农业产品的生产工艺、产品特性等，形成独特的产品文化，体现生态农业产品的专业性和独特性。

其次，融合和创新是关键。将上述挖掘到的各类文化元素融合到生态农业产品中，形成具有地域特色、历史感、饮食情感和产品专业性的品牌文化。在这个过程中，需要充分利用现代营销工具和渠道，如网络营销、社会化媒体等，创新传播方式和形式，让更多的消费者了解和认识这些文化元素，增强生态农业产品的品牌影响力。例如，可以通过制作精美的宣传视频、开展线上线下的文化活动等方式，让消费者在了解和体验生态农业产品的同时，感受到其中蕴含的丰富文化内涵。

最后，持续推进和发展是保证。品牌的建设是一个持久的过程，需要不断地深化文化挖掘，丰富品牌内涵，提升品牌形象。在这个过程中，要与时俱进，跟踪和研究消费者需求和市场动态，不断对品牌文化进行更新和优化，确保生态农业产品的品牌竞争力和市场吸引力。此外，还要加强与各类社会资源的合作和联动，如政府、学术机构、行业协会等，共同推动生态农业产品文化的挖掘与融合，推进生态农业品牌的建设和发展。

（二）加强品牌基地建设

品牌基地是生态农业产品品牌建设的物质基础。加强品牌基地建设，可以保障生态农业产品的质量安全，提升品牌的信誉度。这包括生态农业产品基地的规范提升，企业建基地的主体作用的发挥，以及土地流转机制的完善。

生态农业产品基地是生态农业产品品牌的质量保证。规范生态农业产品基地，可以保证生态农业产品的生产标准和操作规程，确保生态农业产品的真实可信。例如，对苹果、葡萄、大樱桃、韭菜、芹菜等优势特色生态农业产品，每个品种精心打造至少两处生态农业产品示范基地，就是规范提升的具体做法。

企业建基地是生态农业产品品牌的经济驱动。发挥企业建基地的主体作用，可以形成龙头企业、合作社和农户的利益联结，实现农业生产的规模化和集约化。例如，龙头企业租用土地，合作社承接土地，大户转接土地，农户互换土地，就是完善土地流转机制的具体做法。

在加强品牌基地建设具体实践方面，可以采取以下措施：

一是加强生态农业产品基地的规范提升。建立严格的生产标准和操作规程，确保生态农业产品的生产过程符合认证和环境保护要求。加强基地管理，包括土壤改良、无公害农药使用、农业废弃物集中处理等，以确保产品的质量和安全性。同时，加强品种选择和种植技术的研发，推动品种改良和高效农业技术的应用，提高农产品的产量和品质。

二是发挥企业建基地的主体作用。龙头企业可以通过租赁土地或与农户合作，在基地建设和管理中发挥主导作用。企业可以提供技术指导、种子供应、农资支持等，与农户建立长期合作关系，确保生态农业产品的稳定供应；同时，通过整合资源和优势，实现农业生产的规模化和集约化，提高生产效率和产品的竞争力。

三是完善土地流转机制。建立健全的土地流转市场，促进土地的有效配置和农地的集约利用。政府可以制定相应的政策，鼓励农地流转，提供土地流转的支持和保障。同时，加强土地管理和监管，保护农民的土地权益，防止土地资源的滥用和破坏。通过优化土地利用结构，提高生态农业基地的规模和效益，进一步提升品牌基地的建设水平。

（三）生态农业产品企业及企业家品牌故事的塑造

企业及企业家的品牌故事对于生态农业产品品牌的建设具有重要的人文关怀意义。通过塑造企业及企业家的品牌故事，可以为生态农业产品注入情感价值，激发消费者的情感共鸣，进而提升品牌的人气度和忠诚度。以下将详细阐述这一点。

首先，企业及企业家的品牌故事可以增加产品的情感价值。通过讲述企业的创立过程、发展历程以及企业家的励志故事，可以让消费者更好地了解品牌的价值观、使命和企业文化。这样的故事能够赋予产品更多的情感内涵，使消费者在购买和使用产品时产生共鸣和认同。例如，一个生态农业企业可以讲述创始人追求环境保护和可持续发展的初衷，以及企业在推动可持续农业发展方面的努力，这将使消费者感受到品牌背后的环保理念和社会责任，增加产品的情感价值。

其次，品牌故事可以建立消费者与品牌之间的情感连接。通过讲述企业家的个人经历和感人故事，可以引起消费者的共鸣和情感共振，让消费者与品牌建立起更加亲密和信任的关系。消费者可以从企业家的励志故事中汲取力量和启示，与品牌形成情感纽带。这种情感连接有助于提高品牌的忠诚度和口碑传播效应，使消费者更加愿意选择和推荐该品牌的生态农业产品。

最后，企业及企业家的品牌故事还可以展示品牌的社会责任和关怀。讲述企业在社会责任履行、公益慈善等方面的举措，可以增强品牌在消费者心中的形象和价值。生态农业企业可以通过品牌故事展示其对农民福利、乡村发展和环境保护的关注，进一步树立良好的社会形象和企业形象。这种社会责任的体现将赢得消费者的赞赏和支持，提升品牌的人气度和影响力。

那么，一个成功的品牌故事具备哪些要素呢？

一是引人入胜的情节。一个有趣、激动人心的故事情节能够吸引消费者的兴趣，并让他们想要了解更多关于品牌的故事。这个情节可以是关于品牌的创始人或企业家的奋斗历程，也可以是关于品牌背后的独特理念和价值观，或者是一个与消费者生活息息相关的故事。要注意保持故事的连贯性和吸引力，以引发消费者的共鸣。

二是品牌的核心价值观。通过品牌故事，消费者能够了解品牌所代表的核心价值观和使命。这可以是关于环境保护、可持续发展、健康生活方式等方面的价值观。品牌故事应该以一种富有感染力和情感共鸣的方式，让消费者与品牌的核心价值观产生共鸣，从而建立起情感连接。

三是品牌的独特性和差异化。在激烈的市场竞争中，品牌的独特性是吸引消费者的关键。品牌故事应该强调品牌在生态农业领域的独特优势和创新点，从而与其他竞争对手区分开来。这可以是关于品牌采用的独特种植技术、与农民合作的特殊模式、对土壤改良的创新方法等。通过突出品牌的独特性，消费者能够更好地理解品牌的价值和优势，从而选择品牌的产品。

四是与消费者的情感联系。一个好的品牌故事应该引起消费者的情感共鸣，并与他们的生活经历和价值观相契合。品牌故事可以通过讲述真实的故事、分享真实的用户体验、展示品牌对消费者关怀的行动等方式，与消费者建立情感联系。这种情感联系可以激发消费者对品牌的认同感和忠诚度，使他们成为品牌的忠实拥趸和品牌故事的传播者。

在塑造品牌故事时，生态农业企业可以按照以下步骤进行：

第一，研究目标消费者。了解目标消费者的需求、价值观和生活方式，确定与他们产生共鸣的故事主题和元素。

第二，发现品牌独特性。分析品牌的独特优势和差异化，找到能够引起消费者兴趣的故事要素。

第三，故事构建。根据品牌独特性和目标消费者的需求，构建一个有趣、引人入胜的品牌故事情节，并确保故事的连贯性和吸引力。

第四，传达核心价值观。通过品牌故事传达品牌的核心价值观和使命，让消费者与品牌的价值观产生共鸣。

第五，激发情感共鸣。通过情感化的描写和故事情节，激发消费者的情感共鸣，并与他们建立情感联系。

第六，故事传播。通过不同的渠道和媒体，将品牌故事传播给目标消费者，并与他们互动和分享。

通过精心塑造和传播品牌故事，生态农业跨国品牌可以在消费者心目中树立起独特的形象和认知，提高品牌知名度和影响力，进而在竞争激烈的市场中脱颖而出，参与到国内与国际“双循环”中。

参考文献

一、专著

[1] 金涌，胡山鹰，钱易 . 生态农业工程科学与技术 [M]. 北京：中国环境出版有限责任公司，2021.

[2] 谯薇 . 四川省依托家庭农场模式发展现代生态农业的现状与扶持政策研究 [M]. 成都：四川大学出版社，2021.

[3] 薛达元，戴蓉，郭泺，等 . 中国生态农业模式与案例 [M]. 北京：中国环境科学出版社，2012.

[4] 丁雄 . 生态农业产业链系统协调与管理策略研究 [M]. 南昌：江西高校出版社，2018.

[5] 高尚宾，徐志宇，乔玉辉 . 中国生态农场发展研究报告 [M]. 北京：中国农业出版社，2022.

二、期刊

[1] 文丰安 . 乡村振兴战略下农业生态治理现代化：理论阐释、问题审视及发展进路 [J]. 经济体制改革，2022（1）：82–87.

[2] 陈勇，于斌，李琰芬 ."双循环"背景下我国农产品冷链物流升级路径探析 [J]. 商业经济研究，2022（5）：117–119.

[3] 施菁 . 双循环新发展格局下农产品跨境电商产业竞争力评价与发展策略 [J]. 商业经济研究，2022（4）：157–160.

[4] 刘旭，李文华，赵春江，等 . 面向 2050 年我国现代智慧生态农业发展战略研究 [J]. 中国工程科学，2022，24（1）：38–45.

[5] 张秀青 ."双循环"新发展格局下的粮食产业强国建设思路 [J]. 价格理论

与实践，2021（1）：40–45.

[6] 杨兴杰，齐振宏，杨彩艳，等．新型农业经营主体能促进生态农业技术推广吗——以稻虾共养技术为例 [J]. 长江流域资源与环境，2021，30（10）：2545–2556.

[7] 王玮，陈文敬．新发展格局背景下农村电商发展路径研究 [J]. 国际经济合作，2021（6）：73–76.

[8] 郑晓丹．双循环视角下推进我国农产品流通发展的对策思考 [J]. 商业经济研究，2021（15）：139–143.

[9] 宣昌勇，孙军．双循环新格局下口岸物流辐射与区域协调发展 [J]. 江海学刊，2020（5）：242–247.

[10] 邓远建，汤彪，屈志光．农业经济“双循环”新发展格局的内在逻辑与实现路径 [J]. 西北农林科技大学学报（社会科学版），2022，22（1）：106–114.

[11] 杜磊，支大林，张友祥．新发展阶段农业的三个构成及其高质量发展路径 [J]. 经济纵横，2022（2）：97–103.

[12] 李小玉，陶虹佼，徐蒙．“双循环”背景下加快培育农村新型消费研究——以江西省为例 [J]. 企业经济，2021，40（8）：83–95.

[13] 张文妍．引入低碳经济的生态农业评价指标体系研究 [J]. 生态经济，2021，37（12）：115–120.

[14] 王兰梦，郑立昊，郎多勇，等．微生物肥料及其在中药生态农业中的前景分析 [J]. 北方园艺，2022（2）：141–147.

[15] 尚杰，刘爽，陈玺名．小农户衔接生态农业产业链的偏好与异质性研究——基于选择实验法的实证分析 [J]. 中国生态农业学报（中英文），2021，29（12）：2126–2138.

[16] 王俊．国际规则协同与农产品贸易逆差：兼论“双循环”新发展格局下的农业安全 [J]. 南京师大学报（社会科学版），2022（1）：101–111.

[17] 骆世明．生态农业发展的回顾与展望 [J]. 华南农业大学学报，2022，43（4）：1–9.

[18] 王凡非．以饲料产业为例分析生态农业经济可持续发展 [J]. 中国饲料，

2020（12）：141–144.

[19] 丁波莉 . 生态农业经济发展中的饲料产业发展 [J]. 中国饲料，2020（16）：127–129.

[20] 张曦 . 双循环格局下河南省农业高质量发展的路径探析 [J]. 农业经济，2021（10）：16–18.

[21] 李俊高 .“双循环”新发展格局下城乡经济均衡发展内在动力机制分析 [J]. 四川师范大学学报（社会科学版），2022，49（3）：81–87.

[22] 魏秀菊，廖艳，朱明 . 乡村振兴背景下农业工程的生态化发展——生态农业工程 [J]. 中国生态农业学报（中英文），2022，30（12）：2023–2035.

[23] 何忠盛 .“双循环”新发展格局下我国现代农业发展的机遇与对策 [J]. 农业经济，2022（8）：15–17.

[24] 杨伦，闵庆文 . 德清生态农业实践的典型模式与发展建议 [J]. 农业资源与环境学报，2022，39（5）：878–884.

[25] 迟福林，方栓喜 . 以高水平开放打造双循环的重要支点——河南在国家新发展格局中战略地位的几点思考 [J]. 区域经济评论，2022（5）：5–9.

[26] 宋路平 . 乡村振兴战略下生态循环农业发展模式与实践分析 [J]. 农业经济，2022（11）：3–6.

[27] 王欠欠，田野 . 中国经济双循环的测度及增长结构分解 [J]. 经济学动态，2022（11）：58–74.

[28] 侯晓康，张强强，刘天军 . 双循环新发展格局下农产品市场整合关系异质性研究：新结构经济学视角 [J]. 商业经济与管理，2022（6）：5–19.

[29] 齐顾波 .“社会—经济—生态”系统视角下的农业绿色发展转型 [J]. 人民论坛·学术前沿，2022（14）：47–60.

[30] 杨兴杰，齐振宏 . 预期收益与技术补贴对农户采纳生态农业技术的影响：以稻虾共作技术为例 [J]. 华中农业大学学报（社会科学版），2022（5）：89–100.

[31] 于法稳，林珊 . 中国式现代化视角下的新型生态农业：内涵特征、体系

阐释及实践向度 [J]. 生态经济，2023，39（1）：36–42.

[32] 赵桂英 . 新格局背景下少数民族乡村全生态农业发展研究 [J]. 农业经济，2022（4）：50–52.

[33] 王宁 . 国内国际农产品贸易高质量发展研究 [J]. 中国农业资源与区划，2022，43（9）：49+59.

[34] 郑绵平 . 打造国内国际双循环体系，切实保障初级产品供应安全 [J]. 科技导报，2022，40（21）：1.

[35] 郑骏川，苏莉 . 绿色信贷对农户生态农业技术实施行为的影响——基于生态认知的中介作用及农业收入占比的调节效应 [J]. 湖北社会科学，2023（1）：74–81.

[36] 李育全 . 双循环背景下农业高质量发展策略研究 [J]. 农业经济，2023（1）：125–127.

[37] 林月雯 .“双循环”新发展格局下农业经济风险管理的创新逻辑与框架 [J]. 农业经济，2023（1）：128–130.

[38] 于法稳，林珊 . 新型生态农业发展的突出问题、目标重塑及路径策略 [J]. 中国特色社会主义研究，2022（Z1）：38–45.

[39] 杨晓梅，尹昌斌 . 农业生态产品的概念内涵和价值实现路径 [J]. 中国农业资源与区划，2022，43（12）：39–45.

[40] 肖鹰，曾志丹，张艳 . 基于云计算下现代生态农业物联网监控系统的设计 [J]. 农机化研究，2023，45（11）：117–121.

[41] 杨丰滔 . 双循环视角下冷链物流发展对我国农产品国际贸易的影响——基于进口和出口的比较 [J]. 商业经济研究，2023（8）：147–150.

[42] 夏诗园，郑联盛 .“双循环”新发展格局与乡村振兴：理论内涵、耦合机制及路径选择 [J]. 新金融，2023（4）：24–29.

[43] 林海英，丁茹，许海清，等 .“双循环”视域下自贸区对农产品贸易的区域异质性影响 [J]. 商业经济研究，2023（9）：130–134.

[44] 朱晶，臧星月，李天祥 . 新发展格局下中国粮食安全风险及其防范 [J]. 中国农村经济，2021（9）：2–21.

[45] 杨兴杰，齐振宏，陈雪婷，等 . 政府培训、技术认知与农户生态农业技

术采纳行为——以稻虾共养技术为例 [J]. 中国农业资源与区划，2021，42（5）：198–208.

[46] 王娟娟 . 双循环视角下黄河流域的产业链高质量发展 [J]. 甘肃社会科学，2021（1）：49–56.

[47] 杨兴杰，齐振宏，陈雪婷，等 . 社会资本对农户采纳生态农业技术决策行为的影响——以稻虾共养技术为例 [J]. 中国农业大学学报，2020，25（6）：183–198.

[48] 陈菁泉，信猛，马晓君，等 . 中国农业生态效率测度与驱动因素 [J]. 中国环境科学，2020，40（7）：3216–3227.

[49] 张祝平 . 乡村振兴背景下文化旅游产业与生态农业融合发展创新建议 [J]. 行政管理改革，2021（5）：64–70.

[50] 王娟娟 . 以产业链促进“双循环”新发展格局的思考 [J]. 当代经济管理，2021，43（5）：46–56.

[51] 袁宇阳 . 国内大循环背景下乡村振兴的实践转向与路径探索 [J]. 当代经济管理，2021，43（7）：29–34.

[52] 任永泰，于浩然，刘慧，等 . 基于因子分析与灰色关联的生态农业经济竞争力评价——以黑龙江省为例 [J]. 生态经济，2020，36（12）：85–92，153.

[53] 何亚莉，杨肃昌 .“双循环”场景下农业产业链韧性锻铸研究 [J]. 农业经济问题，2021（10）：78–89.

[54] 尚杰，吉雪强，陈玺名 . 区块链与生态农业产业链结合：机理、机遇与对策 [J]. 农村经济，2021（1）：119–125.

[55] 崔民，张济舟，夏显力 . 参与培训对农户生态农业技术采纳行为的影响——基于生态认知的中介效应和遮掩效应 [J]. 干旱区资源与环境，2021，35（11）：38–46.

[56] 刘瑞，戴伟，李震 . 降低流通成本畅通国民经济循环 [J]. 上海经济研究，2021（2）：25–35.

三、论文

[1] 唐萌 . 陕西农业经济—生态—社会复合系统耦合协调发展研究 [D]. 西安：陕西科技大学，2019.

[2] 蔡晓晴 . 生态循环农业视角下的乡村生产性景观规划研究 [D]. 杭州：浙江农林大学，2021.

[3] 吕君 . 乡村振兴视角下的生态农业文化品牌设计研究 [D]. 青岛：青岛科技大学，2022.

[4] 邹亚东 . 北洛河流域农业生态经济系统耦合发展研究 [D]. 咸阳：西北农林科技大学，2022.

[5] 余方琪 . 淳安县农业生态环境与农业经济耦合协调发展研究 [D]. 舟山：浙江海洋大学，2022.

[6] 李跃林 . 贵州省农业生态与农业经济系统耦合协调发展研究 [D]. 贵阳：贵州大学，2022.

[7] 张喜龙 . 家庭农场稻蟹共作模式采纳行为及效应评价 [D]. 长春：吉林农业大学，2022.

[8] 王文龙 . 吉林省种养结合生态循环农业发展问题及对策研究 [D]. 长春：吉林农业大学，2022.

[9] 贺斌 . 黄河中下游地区农业经济和生态环境耦合协调发展研究 [D]. 太原：山西师范大学，2021.